智库丛书 Think Tank Series

中国—中东欧研究院丛书

CHINA-CEE INSTITUTE

斯洛伐克看"一带一路"和中国—中东欧国家合作

How Slovakia Perceives the Belt and Road Initiative
and China — CEEC Cooperation

陈新◎主编

[斯洛伐克] 卡塔丽娜·布洛茨科娃　马骏驰◎副主编

中国社会科学出版社

图书在版编目（CIP）数据

斯洛伐克看"一带一路"和中国—中东欧国家合作/陈新主编. —北京：中国社会科学出版社，2019.5

（中国—中东欧研究院丛书）

ISBN 978 – 7 – 5203 – 4277 – 3

Ⅰ. ①斯… Ⅱ. ①陈… Ⅲ. ①"一带一路"—国际合作—研究—中国、斯洛伐克 Ⅳ. ①F125.552.5

中国版本图书馆 CIP 数据核字（2019）第 066021 号

出 版 人	赵剑英	
责任编辑	黄 晗	
责任校对	闫 萃	
责任印制	王 超	

出　　版	中国社会科学出版社	
社　　址	北京鼓楼西大街甲 158 号	
邮　　编	100720	
网　　址	http://www.csspw.cn	
发 行 部	010 – 84083685	
门 市 部	010 – 84029450	
经　　销	新华书店及其他书店	

印　　刷	北京君升印刷有限公司	
装　　订	廊坊市广阳区广增装订厂	
版　　次	2019 年 5 月第 1 版	
印　　次	2019 年 5 月第 1 次印刷	

开　　本	710 × 1000　1/16	
印　　张	9	
字　　数	110 千字	
定　　价	39.00 元	

前　　言

　　斯洛伐克位于欧洲的中部，东邻乌克兰，南接匈牙利，西连捷克、奥地利，北毗波兰。人口450万，国土面积4.9万平方公里。近年来，斯洛伐克吸引了大量外资，德国、韩国和日本的汽车厂家纷纷入驻，逐渐形成以汽车、电子产业为支柱，出口为导向的外向型市场经济。

　　作为一个欧洲的内陆国，互联互通对斯洛伐克的意义重大。斯洛伐克也充分意识到了这一点。2015年11月，斯洛伐克与中国签署了《中华人民共和国政府和斯洛伐克共和国政府关于推进丝绸之路经济带和21世纪海上丝绸之路建设的谅解备忘录》。2017年4月，斯洛伐克政府发布了《2017—2020年发展斯洛伐克对华经济关系构想》文件，对"一带一路"倡议做出了战略回应。在中国—中东欧国家合作框架内中，斯洛伐克牵头成立了"中国—中东欧国家技术转移中心"，这是目前中国唯一面向中东欧的国家级技术转移平台，旨在促进中国和中东欧国家之间的技术转移领域合作。

　　2019年是中国与斯洛伐克建交70周年。为了更好地了解斯洛伐克如何看待中国的"一带一路"倡议和中国—中东欧国家合作，探索中国与斯洛伐克经贸合作进一步发展的可能，推动双边关系的发展，中国—中东欧研究院与布拉迪斯拉发经济大学共同合作，出版本书。书中表达的观点均为作者个人观点，不代表中国—中东欧研究院的立场。感谢斯洛伐克驻华大使为本书做序！

本书是中国—中东欧研究院关于中东欧国家看"一带一路"和中国—中东欧国家合作系列智库报告的组成部分之一，从对象国的视角出发，为研究"一带一路"提供原汁原味的研究成果。希望本书有助于丰富"一带一路"研究文献。

陈　新　博士

中国—中东欧研究院执行院长、总经理

中国社会科学院欧洲研究所副所长

目　　录

序 斯洛伐克视角下的中国—中东欧国家合作

杜尚·贝拉[*]

自中国—中东欧国家合作和"一带一路"倡议开始以来，斯洛伐克就一直关注中国在中东欧地区的存在。斯洛伐克欢迎中国在全球舞台上持续增强的角色所带来的积极影响。欧盟与中国的紧密合作能够加强国际多边体系和稳定多极化世界。

作为世界上最具活力的经济体，中国为"一带一路"沿线国家提供了很多机会。这些机会能够给当地人民带来福祉和繁荣。在中国—中东欧国家合作和"一带一路"倡议的平台下，斯洛伐克和中国的交流在频率和共同合作领域中都有所加强。这一点为多领域的交流带来了稳定的机制，对双方均有利。

作为欧盟成员国，斯洛伐克将与中国在中国—中东欧国家合作和"一带一路"倡议下的合作视为中欧战略伙伴关系的一个补充。斯洛伐克欢迎并支持中国加大各个已有框架的透明度的努力，其中也包括与欧盟这一主要参与者的合作。

由于涉及贸易、投资和互联互通的重大问题决策都是在欧盟层

面进行，斯洛伐克相信自己能够在那些特别强调中欧地区的欧盟—中国关系议程制定中发挥积极的作用。目前在中欧合作中有尚未开发的潜在领域，这可能会带来协同效应，例如在中欧互联互通平台之中。最后，作为斯洛伐克重要的对外政策优先之一，便是协助巴尔干国家的欧洲一体化。斯洛伐克希望中国在这一地区的活动，将会以一种透明的、与欧盟标准一致的方式对这一进程做出贡献。

斯洛伐克希望能够在斯洛伐克和中国有共同利益的领域中，在中国—中东欧国家合作和"一带一路"倡议下，开展重点和务实的合作。2017 年 4 月，斯洛伐克政府通过了其对"一带一路"倡议的战略文件，并将其诠释进了《2017 至 2020 年发展斯洛伐克对华经济关系构想》（*Conception of Development of Economic Relationship between Slovakia and China*）。

在互联互通的领域，斯洛伐克表达了其对于通过 2015 年签署的"一带一路"谅解备忘录开展合作的兴趣。斯洛伐克正在积极寻求增加那些途经斯洛伐克的铁路货运份额，进而从欧亚大陆两方增长的贸易中获得经济利益。为了支持"软性基础设施"的互联互通，斯洛伐克和中国于 2016 年签署了海关合作备忘录。

对斯洛伐克来讲，另一个优先的合作领域是对中国的农产品出口。斯洛伐克欢迎在 2018 年 7 月的中国—中东欧国家领导人峰会期间，索菲亚纲要包含了改善从中东欧国家进口食品和农产品的市场准入议题。斯洛伐克相信，提高对斯洛伐克高质量农产品的市场准入，至少能够部分地对中斯巨额贸易逆差的改善有所贡献，并加强中斯在这一领域的关系。

斯洛伐克也对科学、技术和创新领域十分感兴趣。在中国—中东欧国家合作中，斯洛伐克主办了虚拟技术转移中心。该中心协调和便利化各个参与国间的技术合作。斯洛伐克相信，在这一领域有着巨大的潜力，特别是如果能够集中精力在新技术领域并辨明共同的优先考虑，例如生物技术、绿色能源、纳米技术、信息和通信技术。这些技术在21世纪的经济中越发重要。

此外，斯洛伐克也在金融领域寻求与中国开展新合作机制的机会，以深化双方合作。在2016年的布达佩斯峰会上，各方签署了设立中国—中东欧国家银行联合体的协定（斯洛伐克进出口银行参与其中）。斯洛伐克相信，斯洛伐克可以从实现长期稳定的、为特定发展项目融资的角度来扩大合作。这一点也被相关的行动计划提及。

最后，我希望强调的是，除了在共同关心的务实合作领域之外，从增进两国互相理解和加强人文交流的角度，斯洛伐克应充分利用中国—中东欧国家合作和"一带一路"倡议所带来的机会。虽然中国在全球舞台上逐渐增强了自己的角色，但中斯两国人民之间仍缺乏足够的信息和了解。自新合作形式下的各类项目能够促进两国在不同层面的互动，例如学生、科研人员、公务员或商人。此类合作的好处是很难通过简单的计算数字来衡量的，他们为保障长期关系的活力奠定了重要的基础。

展望未来，我确信，在中国—中东欧国家合作和"一带一路"倡议的合作框架下，斯洛伐克和中国将会深化并扩展务实的、结果导向的合作和互相理解。对建设全面和充满活力的中欧关系，以及在当今充满挑战的全球环境中促进和平、繁荣和可持续发展的任务来说，这是最好的贡献。

（马骏驰译）

中国与斯洛伐克的贸易合作

马丁·格莱斯*

摘要：本文分析了1999—2017年斯洛伐克与中国的贸易关系，重点是国际货物贸易。斯洛伐克与中国贸易关系相当不对称，斯洛伐克对中国的出口额远高于中国对斯的出口。本文的结论认为，1999—2017年双边贸易总额增长了30倍，斯洛伐克自中国的进口增长了22倍，斯洛伐克对中国出口增长了220倍。尽管出口额急剧上升，但斯洛伐克无法在与中国的贸易关系中实现贸易平衡甚至贸易顺差。我们还注意到，斯洛伐克在1999—2017年与中国的贸易关系中进出口商品结构发生了重大变化。

关键词：中国；外贸；SITC；斯洛伐克

一 前言

尽管中国与中东欧国家在21世纪前20年已经开展了合作，但自2012年开始合作更加正规化和深化，当时"16＋1合作"开始成为旨在激活和促进与中国合作的举措，其中包括11个欧盟成员

---

* 马丁·格莱斯（Martin Grešš），布拉迪斯拉发经济大学国际关系学院，副教授。

国和 5 个巴尔干国家。合作领域包括贸易、投资、运输、科学、技术、金融、农业、林业、教育、文化、旅游、医疗和人文交流。在此基础上,中国确定了三个潜在的经济合作优先领域,包括基础设施、高科技和绿色技术。该合作举措于 2012 年在波兰华沙举行的第一次"16 + 1"峰会上宣布。该举措被称为中国促进与中东欧国家友好合作的 12 项举措(2012 年)。在这 12 项举措中,有若干项均侧重于中国与中东欧的投资和贸易合作。

表 1   2015 年"16 + 1 合作"的经济表现(人均 GDP,按购买力平价计算)

单位:美元

欧盟平均水平	35622	克罗地亚	20664
捷克	30381	罗马尼亚	20484
斯洛文尼亚	29097	保加利亚	17000
斯洛伐克	28254	黑山	15254
爱沙尼亚	27345	中国	13572
立陶宛	26807	塞尔维亚	13278
波兰	25323	马其顿	12732
匈牙利	24831	阿尔巴尼亚	11015
拉脱维亚	23080	波黑	10119

注:按照人均 GDP 数值降序排列。

资料来源:http://databank.worldbank.org/data/reports.aspx?source = world-development-indicators。

除了"16 + 1"的合作,中东欧地区也受益于 2013 年 9 月由中国国家主席习近平提出的"一带一路"倡议,重点关注基础设施、建筑、房地产、发电厂、汽车产业和铁路以及钢铁等领域的投资。根据外交学人杂志(Zeneli,2016)称,在过去十年中,中欧之间的关系已经大大扩展。Zeneli(2016)指出,2015 年中国对欧盟的投资达到 230 亿美元，比 2009 年的 30 亿美元增长近 8 倍。尽管大部分投资流向西欧国家，但自"16 + 1 合作"以来，中东欧地区也引起了中国的关注。即使中东欧地区的经济表现，如表 1 所示，低于欧盟平均水平，但该地区的经济增长潜力可能会超过西欧国家的增长。此外，该地区总人口为 1.2 亿人（其中欧盟成员国有 1 亿人，约占欧盟总人口的 20%）。因此，该地区的市场潜力和作为欧盟市场的门户都是重要的。

表 2 2016 年中东欧与中国的商品进出口额和净出口额（名义数值）

单位：百万美元

	对中国出口	自中国进口	净出口
黑山	20.93	203.56	-182.64
拉脱维亚	130.25	444.09	-313.84
阿尔巴尼亚	60.05	409.61	-349.56
马其顿	47.81	421.23	-373.42
克罗地亚	83.84	645.48	-561.64
波黑	14.72	617.44	-602.73
立陶宛	136.31	784.26	-647.95
保加利亚	481.16	1147.02	-665.86
爱沙尼亚	189.82	1294.79	-1104.97
塞尔维亚	25.27	1603.04	-1577.77
匈牙利	2246.49	4868.86	-2622.36
罗马尼亚	682.48	3818.30	-3135.82
斯洛伐克	1263.35	6348.68	-5085.33
捷克	1921.55	17770.97	-15849.42
波兰	1911.14	23447.67	-21536.52

注：净出口额按照降序排列，缺乏斯洛文尼亚的数值。

资料来源：UN Comtrade Database，https：//comtrade. un. org/data/。

中国与其他国家关系的一个重要方面是贸易。通过观察中国与中东欧地区的贸易关系，我们注意到，这些关系相当不对称，有利于中国与所有中东欧国家的贸易顺差，正如表2所示。双边贸易逆差最高的是中国与V4国家以及罗马尼亚之间的贸易逆差。孔田平（2014）注意到，中国与中东欧国家之间的贸易不平衡是一个长期存在的现象，特别是中国与个别V4国家的双边贸易。唯一的例外是与斯洛伐克的双边贸易。中国在2011年和2012年对斯洛伐克的贸易出现贸易逆差。根据孔田平的研究（2014），在过去二十年中，中国与中东欧的贸易很少发生这种情况（但根据欧盟统计局COMEXT 2018提供的数据，1999—2017年，斯洛伐克方面持续处于贸易逆差的地位）。V4国家对中国与中东欧国家的进出口额贡献显著，占对中国出口总额的80%，占自中国进口总量的82%，占中国与中东地区贸易逆差总额的83%。一方面，从单个国家来看，匈牙利在对中国出口方面排名第一，占中东欧国家对中国出口总额比例为24%；另一方面，波兰自中国的进口，占中东欧从中国总进口额的37%，占V4国家自中国总进口额的45%。斯洛伐克在V4国家对中国出口额中排名第四，占比为14%；但在自中国进口额方面，排名在波兰和捷克之后，为第三，占10%。净出口额也是如此，斯洛伐克在中国与中东欧国家地区的净出口额中排名第三，占9.3%。有鉴于此，本文的目的是分析中国与斯洛伐克在1999—2017年的贸易关系，重点关注货物贸易以及货物贸易的结构变化。

二 文献综述

贸易和投资关系是中国与欧洲国家关系的重要组成部分，特别是中东欧地区和 V4 国家。孔田平（2014）详细介绍了 21 世纪前十年中国与 V4 国家的贸易关系，分析了中国与 V4 国家在全球经济格局中的合作，分析了 2000—2012 年贸易结构的变化，同时提出了改善这些贸易关系的建议。他还分析了中国与 V4 国家之间的进出口贸易构成以及商品结构的变化。他认为中国与 V4 国家的贸易额在上述时期内快速增长，双方都应充分利用这一合作的机会窗口。V4 国家应通过向中国市场推广具有竞争优势的产品来减少贸易逆差。V4 地区的不同作者提供了详细的学术论文，涉及 V4 国家与中国贸易和投资关系。De Castro 和 Stuchlikova（2014）关注捷克对中国与 V4 贸易关系的看法。他们指出，正如捷克 2012—2020 年出口战略所述，中国是捷克的 12 个优先市场之一。De Castro 和 Stuchlikova 强调，在进一步开发这一立场的同时，应该集中精力维持现有的出口地位。Fábián 等人（2014）分析了中国与匈牙利之间的贸易和投资关系。他们注意匈牙利与中国的双边贸易逆差在前几年持续增长，甚至不受农产品生产和出口水平的影响。他们还指出，尽管匈牙利是 V4 地区接受外国直接投资水平第一的国家，但从中国的角度来看，这一水平仍然可以忽略不计。Jurczyk 和 Mierzejewski（2014）从波兰的角度关注贸易和投资关系。他们指出，自 1949 年以来，波兰与中国建立了长期的双边关系，自 20 世纪 80 年代以来经济关系不断深化，在 20 世纪 90 年代出现了冷却期。他们还分析了双边贸易可能的未来趋势，重点是对波兰经济起着越来越重要作用的农产品出口。正如他们所指出的那样，这是一个相对较新的现象，中国市场在 2007 年对波兰乳制品企业开放，在 2011 年对家禽产品企业开放，在 2012 年对猪肉产品企业开放。从斯洛伐克的角度来看，Grančay（2014）分析了双边贸易关系，梳理了 1995—2012 年中国和斯洛伐克双边贸易的历史发展，确定了两国的比较优势并预测了未来可能的贸易趋势。Grančay 得出的结论是，双边贸易在过去二十年中经历了一些根本性的变化，贸易额几乎增加了 100 倍，并且其结构发生了彻底的变化。Grančay 还估计，中国和斯洛伐克的贸易到 2030 年将增长 5—45 倍。Grančay 的结论认为，中国已成为仅次于俄罗斯的斯洛伐克第二大非欧盟贸易伙伴。中国经济对斯洛伐克经济发展的影响在未来还将增加。Cinar. E. M. 等人（2016）在他们的研究报告中讨论了古代丝绸之路区域在多大程度上能实现与中国的贸易潜力。他们得出的结论是，在 1990—2013 年大多数国家的贸易额与潜在能力有所改善。我们注意到，这项研究也可用于估算中东欧国家地区，特别是斯洛伐克与中国的贸易潜力。田祥宇等人的研究（2016）全面分析了对中国实施大量贸易壁垒的原因。他们指出，中国合作伙伴的宏观经济形势对中国实施贸易摩擦的可能性有很大影响。他们还得出结论，某一产业的影响力越大，对中国采取措施的可能性越大，使用外国游说团体的可能性就越大。融入国际贸易体系或参与区域贸易协定可能是中国应对这些贸易壁垒的有效途径。

三 方法论

我们使用欧盟统计局 COMEXT（2018）在线提供的欧盟统计数据。斯洛伐克和中国之间的贸易包括货物和服务贸易。本文侧重于 1999—2017 年的货物贸易。该数据库在 1999 年之前没有提供任何数据。我们使用自中国至斯洛伐克的进口数据，自斯洛伐克出口至中国的数据，以欧元计价。关于产品类别，我们使用《国际贸易标准分类》（修订 4）。表 3 提供了《国际贸易标准分类》（修订 4）的分类方案。首先我们分析了部门的贸易流量（出口和进口），其次我们将贸易流量进一步分解为组和分组，以分析那些交易最频繁的货物。

表3　　　　　　　　《国际贸易标准分类》（修订4）

部门	描述	组号	分组号	基本目号
0	食品和活动物	36	132	335
1	饮料及烟草	4	11	21
2	非食用原料（不包括燃料）	36	115	239
3	矿物燃料、润滑油和有关原料	11	22	32
4	动植物油、脂和蜡	4	21	41
5	未另列明的化学品和有关产品	34	132	467
6	主要按原材料分类的制成品	52	229	767
7	机械和运输设备	50	217	642
8	杂项制品	31	140	420
9	《国际贸易标准分类未另分类》的其他商品和交易	4	4	6
	类、组、分组和基本目（项目）的综述	262	1023	2970

资料来源：https：//unstats.un.org/unsd/publication/SeriesM/SeriesM_ 34rev4c.pdf。

四　分析结果

图1显示了1999—2017年斯洛伐克和中国的进出口总额和净出口。尽管孔田平（2014）表明与斯洛伐克的贸易关系特点很少见，且仅在2011年和2012年出现贸易逆差，但是从欧盟统计局COMEXT（2018）数据库获得的数据清楚地表明，斯洛伐克在整个观察期内对中国一直是贸易逆差。图1显示斯洛伐克和中国之间相当不对称的贸易关系，后者的出口额远高于前者的出口

额，也就是贸易逆差。在 21 世纪初，斯洛伐克从中国进口的产品远远高于对中国的出口。1999 年斯洛伐克货物出口额为 551 万欧元，但从中国的进口额为 1.359 亿欧元，进口比出口高 25 倍。然而到了 2000 年，斯洛伐克对中国的出口额几乎翻了一番，达到 1020 万欧元。接下来的几年里，增长幅度更大。到了 2002 年，斯洛伐克对中国的出口额增加了 200%，达到 4230 万欧元，2003 年的增长水平相近（出口额为 1.236 亿欧元）。图 1 显示了斯洛伐克对中国出口额的持续增长。尽管 2004 年出口额略有放缓（出口下降了 50%），但是当斯洛伐克与其他中东欧国家加入欧盟时，德国和捷克成了斯洛伐克最重要的贸易伙伴。2014 年和 2015 年出现了另一次下降，出口额分别下降了 14% 和 25.8%。另外，除了 2009 年的债务危机之外，斯洛伐克自中国进口的水平或多或少持续增长。2009 年，斯洛伐克自中国的进口减少了 32%。

（百万美元）

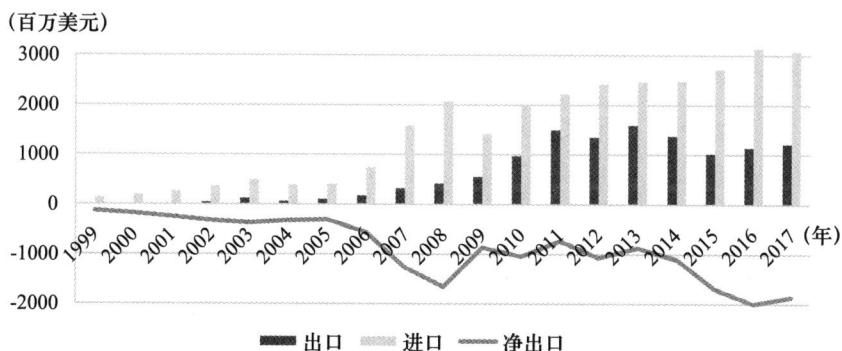

图 1　斯洛伐克与中国的贸易关系

资料来源：欧盟统计局 COMEXT（2018）。

整体净出口额的上升，意味着中国对斯洛伐克的出口额超过了自斯洛伐克的进口额。在 21 世纪初，贸易逆差额为 1.340 亿欧元，

2017 年达到 18.7 亿欧元，斯洛伐克向中国的货物出口额为 12 亿欧元，中国向斯洛伐克的货物出口额为 31 亿欧元。在危机前的几年中逆差额持续增加，当时自中国的进口额增长迅速。2007 年和 2008 年的进口额年增长率为 73%，净出口额达到 16.6 亿欧元的新高。在接下来的十年里，逆差水平减少到 10 亿欧元以下。然而，自 2015 年以来，逆差水平再次增加，在 10 亿—20 亿欧元波动。逆差增加的主要原因是 2014 年以来自中国进口的增加以及 2014 年和 2015 年对中国出口的减少。尽管 2016 年和 2017 年的出口额分别增长了 11.6% 和 6.6%，但依旧无法抵消进口的增长，因此 2017 年的贸易逆差为 18.6 亿欧元。Grančay（2014）的研究表明，斯洛伐克和中国之间的贸易在 1995—2012 年迅速增长，增幅几乎是 100 倍。根据我们的观察（在稍微不同的时间段内），我们认为，根据欧盟统计局 COMEXT（2018）的数据，1999—2017 年，贸易总额（包括货物进出口）增长了 30 倍，斯洛伐克自中国的进口增长了 22 倍，对中国的出口增长了 220 倍。有趣的事实是，尽管对中国的出口额急剧上升，斯洛伐克无法在与中国的贸易关系中实现贸易平衡甚至贸易顺差。

我们分析了双边总体的贸易关系，并根据《国际贸易标准分类》（修订 4）进行了进一步的分解。我们从部门级别开始，然后进入组和分组，以确定斯洛伐克和中国贸易关系中最重要的相关商品。首先我们分析了斯洛伐克对中国的出口情况，出口额主要部门的变化情况如图 2 所示，其次我们分析了自中国进口的情况。显然，斯洛伐克对中国出口的模式自 21 世纪初以来没有变化，部门 7 即机械和运输设备是出口至中国最多的货物类别。1999 年部门 6 的产品位列第一，在 2000 年被部门 7 的产品超越。自 2001 年以来，该部门的份额从 2001 年的 55.6% 增加到 2017 年的 89.2%，

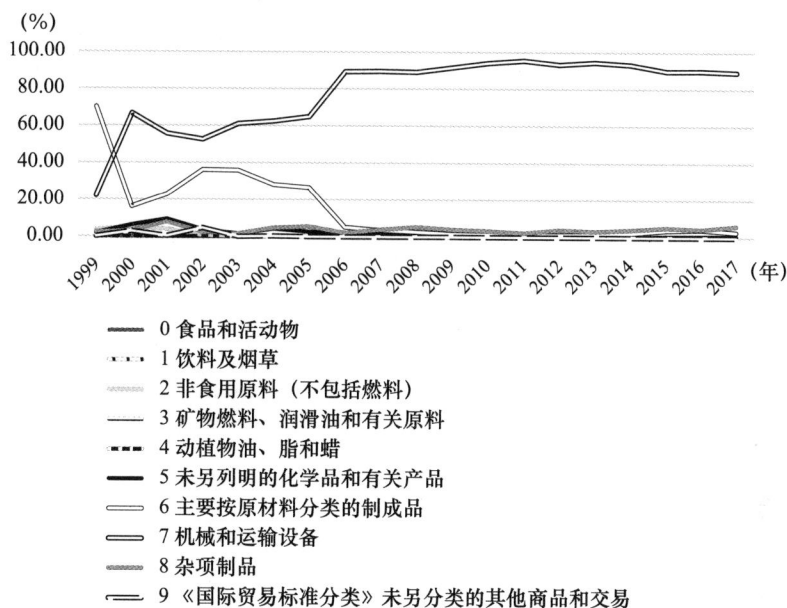

图2 斯洛伐克对中国的出口占总出口额的份额（根据部门分类）

资料来源：欧盟统计局 COMEXT（2018）。

而部门6的比例在2017年下降至2.89%（1999年该部门的产品占对中国出口总额的70.1%）。

　　总体来看，在部门6至部门8的产品出口占2017年出口总额的98.3%（图3）。自2002年以来，这三个部门的出口一直占出口总额的90%以上。在21世纪初，部门5的产品是斯洛伐克出口的重要组成部分。特别是在2000年和2001年，该部门的产品分别占6.2%和9.4%。然而。自2006年以来，来自部门7的产品占斯洛伐克总出口额的比例约为90%。从斯洛伐克自中国进口的情况也可以观察到类似的情况。即使我们注意到各个部门中的单个商品有着不同模式，但是与出口类似，部门7的产品构成了自中国进口额的主要部分（图4）。然而，与出口不同，部门7产品的进口仅占总进口额的70%。因此，根据这一分类，斯洛伐克自中国的进

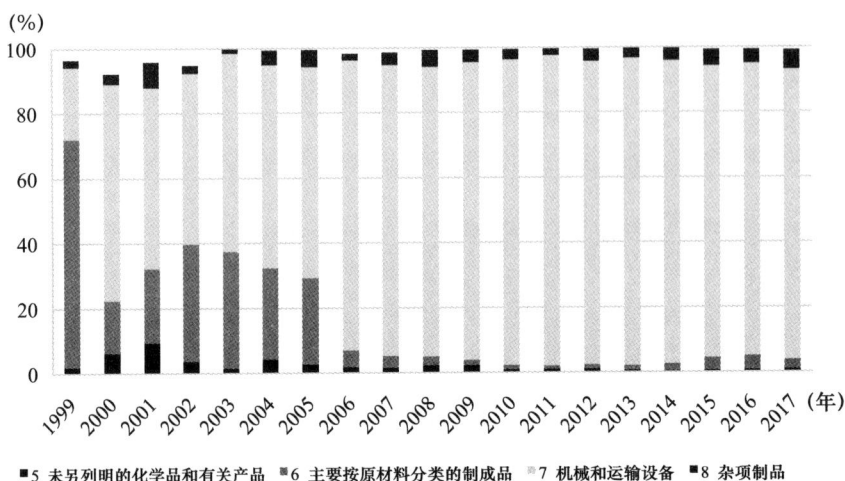

图3 斯洛伐克对中国出口,部门5至部门8产品占总出口额的比例

资料来源:欧盟统计局 COMEXT(2018)。

口大于斯洛伐克对中国的出口。部门8的产品约占总进口额的18%,部门6的产品约占9%。

对各个部门进一步分解为组和分组有助于我们确定能够代表总出口和进口额最大份额的产品。我们通过观察1999年和2017年的情况来比较商品结构的变化。Grančay(2014)提出斯洛伐克和中国贸易中的商品结构发生了重大变化。我们的研究确认了他的结论。表4和表5列出了1999年和2017年的进出口情况。表4清楚地显示了斯洛伐克在这两年中对中国出口的商品结构的变化。而在20世纪末,斯洛伐克主要出口附加值低的产品(第674组-经包覆、镀或涂的铁或非合金钢压延产品),20年后斯洛伐克出口高附加值产品(第781组-小汽车和其他主要为客运而设计的汽车,包括旅行轿车和赛车)。半成品占1999年出口总值的近60%,而成品占2017年出口总值的近66%。总体而言,在这两个年份中,前十大出口产品分别占出口总量的87.6%和86.6%。我们观察到,

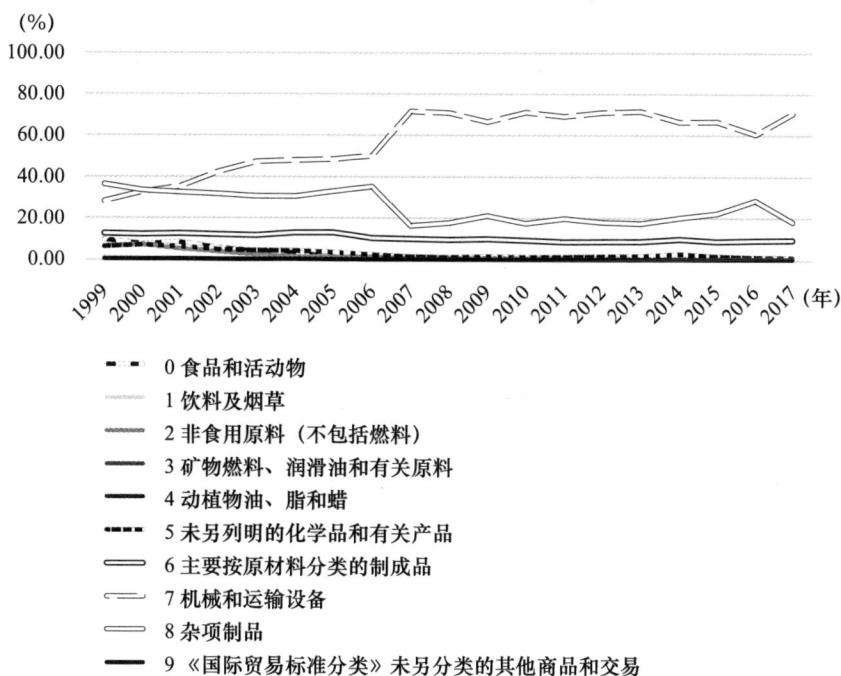

图4　斯洛伐克自中国进口占总出口额的份额，根据部门分类

资料来源：欧盟统计局 COMEXT（2018）。

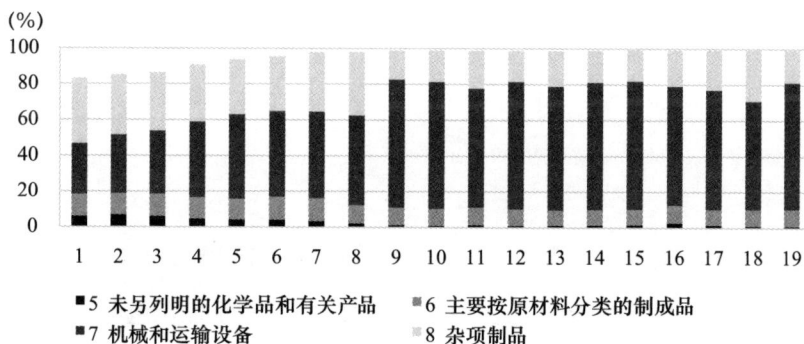

图5　斯洛伐克自中国进口，部门5至部门8产品占总进口额的比例

资料来源：欧盟统计局 COMEXT（2018）。

1999 年大部分出口产品是由经包覆、镀或涂的铁或非合金钢压延产品（674）、纺织及皮革用机械及其未另列明的零件（724）、皮革（611）和各类汽车零件以及附件（784）。在接下来的 20 年里，出口构成的变化主要是由于重要的汽车企业在斯洛伐克投资并开始生产汽车。2017 年，斯洛伐克主要出口产品（781、784 和 713）都与斯洛伐克的汽车工业有关，占总出口额的 75.3%。

表 4　　　　　　斯洛伐克对中国的出口占总出口额的比例

	1999 年			2017 年	
组	百万欧元	%	组	百万欧元	%
674	3.21	58.33	781	792.70	65.37
724	0.24	4.41	784	77.58	6.40
611	0.24	4.38	713	43.03	3.55
784	0.22	3.96	743	42.25	3.48
718	0.20	3.55	821	25.95	2.14
653	0.17	3.17	773	17.93	1.48
746	0.16	2.90	748	15.64	1.29
621	0.13	2.39	699	12.77	1.05
713	0.13	2.29	778	11.13	0.92
722	0.12	2.18	893	10.54	0.87
总额	4.82	87.56	总额	1049.52	86.55

资料来源：欧盟统计局 COMEXT（2018）。

对分组和基本目号的进一步细分表明，1999 年出口量最大的是宽度为 600 毫米或以上、经其他方法镀或涂者的经包覆、镀或涂的铁或非合金钢压延产品（674.13），占出口总值的 58%。2017 年出口最多的产品是未另列明的客运用汽车（781.20），占出口总值的 65%。表 4 还显示了斯洛伐克对中国出口中相对集中的产品结构。这两个年份的十大出口产品占每个年份总出口额的比例分别为 87.56% 和 86.55%。

斯洛伐克自中国的进口商品结构存在不同的情况。虽然这两年对中国的出口相对集中在少数几个部门上，但进口更加多样化。表5显示了各个年份的进口情况。与出口相比的差异之一是在这两个年份中斯洛伐克进口的十大产品总额。虽然在 1999 年，它们占进口总值的 39.9%（相比之下，出口总值的 87.6%）。2017 年十大进口商品占总进口额的 65.71%（出口的占比为 86.6%）。与出口相比，我们观察到了不同的进口模式。中国作为世界第一的制造业大国，在1999 年出口到斯洛伐克的主要成品包括玩具和婴儿车（894）与服装（845），在 2017 年主要是电信设备（764）以及玩具和婴儿车（894）。不过中国的出口在每个类别中都更加多样化。1999 年婴儿车、玩具、游戏和体育用品占斯洛伐克自中国进口的重要组成（占进口总值的 8.4%），这远低于斯洛伐克向中国出口的第一批产品（钢铁压延产品，58.3%）。因而自中国进口结构改变较大，而且更加集中，这与对中国出口的变化相近。在 2017 年，自中国进口的前十大产品占斯洛伐克总进口的 65.71%，在 1999 年这一比例仅仅是 39.9%。

表5　　　　　　　斯洛伐克自中国的进口占总进口额的比例

1999 年			2017 年		
组	百万欧元	%	组	百万欧元	%
894	11.40	8.40	764	1016.90	33.04
851	9.12	6.71	871	232.17	7.54
762	6.05	4.46	771	141.38	4.59
775	4.72	3.47	751	113.22	3.68
752	4.47	3.29	699	105.79	3.44
899	3.89	2.86	772	102.97	3.35

续表

1999 年			2017 年		
组	百万欧元	%	组	百万欧元	%
716	3.82	2.81	784	94.67	3.08
831	3.73	2.75	778	76.93	2.50
845	3.63	2.67	761	70.73	2.30
759	3.37	2.48	894	67.35	2.19
总计	54.2	39.9	总计	2022.11	65.71

资料来源：欧盟统计局 COMEXT（2018）。

另一个显著的差异是这些产品自身的结构。在 1999 年，自中国进口低附加值的制成品（如服装或玩具），2017 年自中国进口了更多高附加值的制成品，如电信设备（764）和光学仪器（871）。即使最大进口的产品类别是 894 组中的婴儿车、玩具、游戏和体育用品，但 1999 年进口量最大的产品是输出功率不超过 37.5 瓦的电动机（716.10），总价值为 381 万欧元（占进口总值的 2.8%）。894 组中进口最多的产品是玩具（894.29），价值 270 万欧元，占比为 2%。正如我们已经提到的，在 1999—2017 年的中斯贸易中，2017 年斯洛伐克自中国的进口集中度较高，导致斯洛伐克进口总额中电信设备占 33%。占总进口额的 27.4% 的产品是以下产品的零件或附件：无线电话、无线电报、无线电广播或电视用发射装置、未另列明的电信设备、监视器和投影机，未装有电视接收设备；电视接收设备和收音机（764.93）。

五　结论

本文分析了 1999—2017 年斯洛伐克与中国的贸易关系。研究认为，斯洛伐克与中国之间的贸易不对称，中国对斯的出口额远高于斯洛伐克对中国的，因而斯洛伐克处于贸易逆差地位。根据我们的观察，我们认为 1999—2017 年，中斯贸易总额（包括货物的进出口）增长了 30 倍，自中国的进口增长了 22 倍，对中国的出口增长了 220 倍。尽管出口额急剧上升，但是斯洛伐克无法在与中国的贸易关系中实现平衡贸易甚至贸易顺差。在世纪之交，斯洛伐克的出口发生了重大变化，部门 6 的产品在 2000 年被部门 7 所取代，该部门的占比从 2001 年的 55.6% 增加到 2017 年的 89.2%。

与出口不同，斯洛伐克进口货物中部门 7 仅占斯洛伐克总进口额的 70%。因此斯洛伐克自中国的进口比斯洛伐克对中国的出口更加多样化。我们可以得出结论，斯洛伐克出口商品结构的变化，从工业和电力部门的未加工产品和机械到成品和汽车零部件和配件，可能与中国经济的快速发展有关。中国成为世界第一制造商并开始出口成品（例如斯洛伐克自中国进口的产品）以及中国国民收入的增加，导致中国对国外制成品的支出增加，不再仅限于半成品或未成品。

斯洛伐克对中国出口比较集中在几种产品上，而进口更加多样化。在 1999—2017 年，中国出口结构出现了较大的转变而且更加集中，这与斯洛伐克与中国出口结构的变化相近。另外，由于我们主要关注的是中斯的货物贸易，未来值得对服务贸易进行进一步研究。

（马骏驰译）

参考文献

1. China's Twelve Measures for Promoting Friendly Cooperation with Central and

Eastern European Countries (2012). Ministry of Foreign Affairs of the People's Republic of China. Available online: http://www. fmprc. gov. cn/mfa _ eng/topics _ 665678/ wjbispg_ 665714/t928567. shtml.

2. Cinar, E. M. et al. 2016. Estimating Chinese Trade Relationships with the Silk-Road Countries. In: China and World Economy. 24 (1).

3. De Castro, T. -Stuchlikova. Z. 2014. China-V4 Trade Relations-A Czech Perspective. In: Current Trends and Perspectives in Development of China-V4 Trade and Investment. EKONÓM. ISBN 978 – 80 – 225 – 3894 – 7.

4. EUROSTAT COMEXT (2018). Available online: http://epp. eurostat. ec. europa. eu/newxtweb/.

5. Fábián, A. et al. 2014. Hungarian-Chinese Relations: Foreign Trade and Investment. In: Current Trends and Perspectives in Development of China-V4 Trade and Investment. EKONÓM. ISBN 978 – 80 – 225 – 3894 – 7.

6. Grančay, M. 2014. China-V4 Trade Relations-A Slovak Perspective. In: Current Trends and Perspectives in Development of China-V4 Trade and Investment. EKONÓM. ISBN 978 – 80 – 225 – 3894 – 7.

7. Jurczyk, T. -Mierzejewski. D. 2014. Trade and Investment with China-A Polish Perspective. In: Current Trends and Perspectives in Development of China-V4 Trade and Investment. EKONÓM. ISBN 978 – 80 – 225 – 3894 – 7.

8. SITC (2006). Standard International Trade Classification Revision 4. UN Department of Economic and Social Affairs. ISBN 92 – 1 – 161493 – 7.

9. SITC (2018). Standard International Trade Classification Revision 4. Available online: https://dataweb. usitc. gov/scripts/commodities/commodities_ menu. asp.

10. Tian, X. et al. 2016. Why Chinese Exports Face So Many Trade Remedy Actions: An Empirical Study Based on Multi-country and Multi-industry Data. In: China and World Economy. 24 (6).

11. Tianping, K. 2014. China-V4 Trade Relations 2000 – 2012-An Overview. In: Current Trends and Perspectives in Development of China-V4 Trade and Investment. EKONÓM. ISBN 978 – 80 – 225 – 3894 – 7.

12. UN COMTRADE Database（2018）. Available online：https：//comtrade. un. org/data/.

13. World Development Indicators. Available online：http：//databank. worldbank. org/data/reports. aspx？source = world-development-indicators.

14. Zeneli，V.（2016）：Central and Eastern Europe：China's Stepping Stone to the EU？Available online：http：//thediplomat. com/2016/11/central-and-eastern-europe-chinas-stepping-stone-to-the-eu/.

"一带一路"倡议——中国和斯洛伐克贸易和金融合作之间的新挑战

伊娃·扬奇科娃[*]

摘要："一带一路"倡议是 21 世纪全球性经济发展计划，不仅关注的是对海路和陆路交通基础设施的巨额投资，还关注工业、能源和农业项目、新科学知识、信息技术、建立合资企业等。所有这些项目都将反映在国际贸易和金融方面。金融业在实现"一带一路"倡议的全部潜力方面发挥着重要作用，从建立和维护有效的基础设施到支持资本流动，再到努力实现共同标准和降低风险。本文通过分析传统和新的贸易融资产品，探讨了这些大规模投资对改善中国和斯洛伐克相互贸易的潜在影响以及近年来人民币的国际化。

关键词：贸易融资；金融机构；人民币国际化；SWIFT；GPI

一 前言

两千多年前，欧洲、亚洲和非洲主要文明的贸易道路促进了货

---

* 伊娃·扬奇科娃（Eva Jančíková），布拉迪斯拉发经济大学国际关系学院，副教授。

物、知识和思想的交流，促进不同国家的经济、文化和社会进步，促进不同文化的对话和融合。对于丝绸之路附近的国家来说，这是一项巨大的经济利益。"一带一路"倡议是基于过去的经验，但它允许其他国家参与这个项目。该项目的重点是中亚、俄罗斯、南亚和东南亚、中东和东非地区。长远来看，随着越来越大的开放力度，预计其他国家也将加入该项目，一系列新的举措和项目将出现。"一带一路"倡议是一个 21 世纪全球性经济发展计划，不仅关注的是对海路和陆路交通基础设施的巨额投资，还关注工业、能源和农业项目等。

斯洛伐克希望加强本国投资者在中国的投资活动，特别是在中国中部和东部地区，因为这些地区投资尚未被大型跨国公司占据。中国经济的快速增长带动了中产阶级的增长，中国中产阶级目前约有 3 亿人，他们的购买力不断增加，这为斯洛伐克企业家创造了新的机会。另外，斯洛伐克也有很多投资机会可供中国投资者参与。

中国是世界第二大经济体、世界最大的出口国和第二大进口国。中国政府面临的最大挑战是确保经济 7.5% 的增长可持续性。中国是联合国、世界贸易组织、国际货币基金组织、世界银行等主要国际组织的成员。2001 年中国加入世界贸易组织，中国与世贸组织的贸易一体化有助于增加其在世界贸易中的份额，并对欧盟主要出口国的地位产生了负面影响（Fojtíková，2012）。中国也参与区域的一体化进程，是亚太经济合作组织的成员，深化了与东盟的合作并积极参与亚欧会议，也与巴基斯坦、智利、秘鲁、哥斯达黎加、澳大利亚、新西兰、韩国和东盟国家签订自由贸易协定。与中国签订自由贸易协定的第一批欧洲国家是瑞士和冰岛。以色列、日本和挪威正在就自由贸易协定与中国进行谈判。虽然一些欧盟国家正在考虑这种协议的好处，但目前还没有任何现实结论。

中国的银行资产规模已超过欧元区，成为全球资产规模最大的银行体系，这标志着中国在国际金融危机以来对世界金融的影响力增强以及中国对债务推动经济增长的依赖。截至 2016 年年底，中国银行资产达到 33 万亿美元，而欧元区为 31 万亿美元，美国为 16 万亿美元，日本为 7 万亿美元。中国银行系统的规模是中国年度经济产出的 3.1 倍，而欧元区的这一比例是 2.8 倍。在发达国家陷入衰退的时候，世界各国的领导人和经济学家称赞当时的中国经济刺激政策有助于稳定全球经济增长（Wildau，2017）。

根据最新的全球银行数据和研究排名，全球资产规模最大的四家银行均来自中国。根据国际财务报告准则报告（International Financial Reporting Standards），其资产总额为 13.64 万亿美元，比 2017 年增加 1.73 万亿美元。中国工商银行、中国建设银行、中国农业银行和中国银行排名前四，尽管标准普尔全球市场情报网站（S&P Global Market Intelligence）的报告将增长的一半归因于在此期间人民币兑美元的走强（China Daily，2018）。

我们同意 Fabian 教授（2014）的观点，即中国将成为中东欧最重要的贸易伙伴之一。有许多因素会影响未来的贸易量和贸易额，例如世界经济、国内经济和国内政治。"一带一路"倡议以中国与中东欧 16 国的合作形式证明了这一点。这 16 个国家包括 11 个欧盟成员国（保加利亚、捷克、爱沙尼亚、克罗地亚、立陶宛、拉脱维亚、匈牙利、波兰、罗马尼亚、斯洛伐克和斯洛文尼亚）和 5 个非欧盟国家（阿尔巴尼亚、波黑、塞尔维亚、黑山和马其顿）。2011 年布达佩斯峰会宣布了中国与 16 个中东欧国家之间的合作。这种合作形式可被视为促进双边合作和补充中欧合作的工具。通过建立区域合作中心，合作逐步扩大化和制度化。虽然2012年华沙峰会只通过了12项举措，但2013年布加勒斯特峰会通过的合作纲要已经包括了50项关于金融、贸易、互联互通、绿色能源、民间交流和地方政府交流的合作举措。这一水平在2014年贝尔格莱德峰会期间得到了进一步扩展（Baláž，2015）。中国计划在五年内为"一带一路"倡议投资约1240亿美元。该倡议汇集了65个国家44亿人口，占全球经济的40%。自2013年以来，中国已投资约600亿美元用于上述建设（Buchláková，2017）。

本文的目的是探讨这项大额投资通过传统和新兴贸易融资产品对中国与斯洛伐克相互贸易的改善所带来的潜在影响以及近年来人民币的国际化。为了实现这一目标，我们利用科学的定性和定量方法，如分析、综合、归纳、演绎、比较方法和统计方法，分析了斯洛伐克与中国目前的合作状况。我们主要使用电子资源并从斯洛伐克统计局和斯洛伐克中央银行获取数据。

二　中国与斯洛伐克经济合作分析

斯洛伐克外交部编写了一份题为《斯洛伐克共和国和中华人民共和国经济合作的情况与机遇》的论文，旨在分析斯洛伐克与中国经济关系的主要特点，并为斯洛伐克建立信息的基础，以找到当前发展挑战的答案。中国是斯洛伐克的重要商业伙伴，也是外国直接投资的潜在来源，更是旅游、科学、研究、技术和创新合作的潜在合作伙伴。

进一步加强中国在全球范围内的经济影响将增加其对斯洛伐克和欧盟的重要性。这种发展带来了新的机遇和一定的风险。我们目前正面临自我准备的问题，以便在消除负面影响和风险的同时最佳地利用机会。经济合作发生在 21 世纪复杂的政治环境中，自然受到双边政治关系和中欧关系的影响。斯洛伐克也要有效利用其在欧盟框架内促进经济利益的能力，例如 V4 合作、"一带一路"倡议以及"16 + 1 合作"。更重要的是，要能够客观地反映商界对斯洛伐克政府及其促进对中国关系问题的看法和需求（斯洛伐克外交与欧洲事务部，2015）。

中国是斯洛伐克的重要贸易伙伴，斯洛伐克希望增加对中国的出口和直接投资，特别是在运输基础设施和高附加值生产活动中。斯洛伐克和中国贸易的长期价值（long-term value）超过了 60 亿欧元，这主要是受到双方商品结构的限制。中国是斯洛伐克第 12 大商业伙伴。贸易的特点是进口量增加和出口水平的波动，这导致净出口负值的增加。贸易逆差的变化只能通过逐步减少对斯洛伐克的进口或其企业的较大活动，尤其是中小型企业来改善。图 1 概述了 2006—2016 年现行价格下斯洛伐克的对外贸易情况。

从图 1 的数据可以看出，过去 10 年的对外贸易在所有指标中都呈上升趋势。从 2006 年到 2016 年，出口增长了 5 倍，进口增长了 2 倍。两国贸易也稳定趋于平衡。

斯洛伐克与中国的对外贸易商品结构长期来看并未发生变化。斯洛伐克对中国的出口主要是汽车及零部件（75.6%），其他类别包括锅炉、机械和机械设备（14.8%）、电气机械和设备（3.2%）以及家具和配件（1.4%），其他近 100 项商品中每项的份额不到 1%。2013 年，有近 300 家斯洛伐克出口商在中国注册。我们必须指出，这些出口主要集中在斯洛伐克经营的外国公司，例如汽车行业的 Volkswagen、压缩机行业的 Secop / Danfoss 和 Embraco、家具和木材行业的 Ikea / Swedwood。跨国企业通常

（百万欧元）

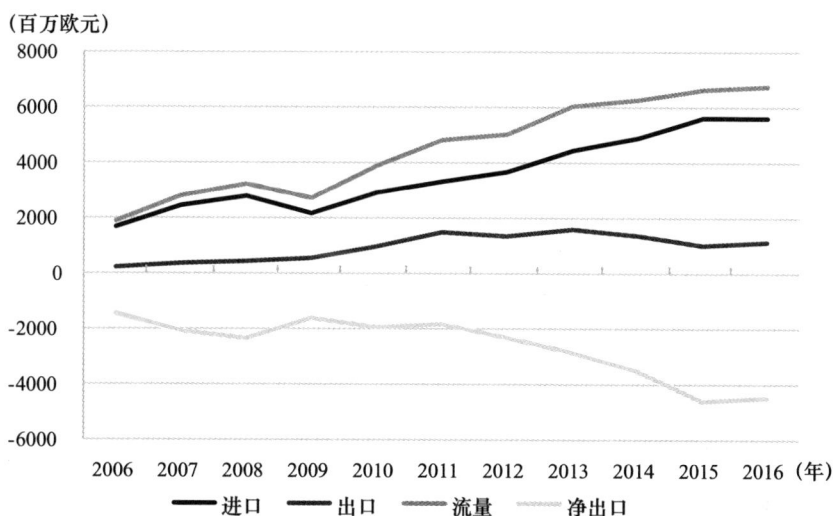

图1　斯洛伐克和中国的对外贸易情况，2006—2016 年

以欧元计显性价格（离岸价）

资料来源：笔者根据斯洛伐克统计局数据自行计算，http：//datacube. statistics. sk。

不需要也不使用特定的斯洛伐克支持出口的政策。斯洛伐克本土的出口商属于中小企业。对中国最大的出口商包括仪器仪表行业的 ZTS Sabinov、轴承行业的 Kinex Bearings、精密仪器行业的 SPINEA、玻璃行业的 RONA、小型飞机行业的 TOMARK、用于材料分离的 CNC 机床行业的 MICROSTEP、电信技术行业的 UNIT-ED INDUSTRIES 和 ANTIK Technology Košice、太阳能工程软件工具 的 GEOMODEL SOLAR、气 动 和 汽 车 工 业 设 备 的 KONŠTRUKTA。尽管中国市场和对食品进口的需求很大，但斯洛伐克农业食品部门对中国的出口却很低（约 100 万欧元），主要是出口饮料、葡萄酒、活体动物和糖果（斯洛伐克外交与欧洲事务部，2015）。

　　根据斯洛伐克经济部的数据，中国在斯洛伐克经济中的累计投资额为 4700 万欧元，占斯洛伐克经济中外来直接投资总额（423

亿欧元）的 0.01%。当前 Jaslovské Bohunice 核电站的修建工程也被推荐给了中国投资者，但是，该项目仍在走下坡路。涉及中国投资的还有 Piešťany 的布拉迪斯拉发机场和水疗中心。对中国投资者来讲，最大机会是在交通和旅游业中（斯洛伐克外交与欧洲事务部，2015）。

表1 向我们展示了斯洛伐克在 2007—2016 年接受的外来直接投资。这些投资的水平相对较低，很明显中国企业在斯洛伐克还有很大的提升空间。

表1　　　　　　　　2007—2016 年斯洛伐克的外来直接投资

单位：千欧元

年份	2007	2008	2009	2010	2011	2012	2013	2014	2015	2016
总额	3966	25523	15224	20483	46288	38772	25190	31332	13816	32853

资料来源：根据斯洛伐克央行的数据自行计算。

在欧盟对俄罗斯实施制裁之后，吸引中国资本进入斯洛伐克的措施是会持续存在的并且无疑会加强，这也阻止了潜在的俄罗斯投资者。中国和斯洛伐克在 2015 年签署了"一带一路"谅解备忘录。中国对斯洛伐克最重要的投资之一很可能会来自中国河钢集团。通过这项投资，该公司将进入欧洲钢铁市场。

斯洛伐克和中国的投资关系发展比商业关系的发展要晚。斯洛伐克是中国在欧洲投资额最小的国家之一，与斯洛伐克的周边国家相比，斯洛伐克也排在最后。在斯洛伐克仅有若干中型的中国投资项目，例如华为和联想以及汽车行业的企业，包括 SaarGummi 斯洛伐克公司、ZVL 汽车公司、Heiland Sinoc Automotive 公司、Inalfa Roof Systems 公司和 IEEE Sensing 公司在斯洛伐克的生产线，还有软控股份开设的欧洲研究和技术中心（Turcsányi，2016）。

三 "一带一路"对斯洛伐克经济的重要性

在评估中国在斯洛伐克的投资时，重点应该关注增加投资的可能性。"一带一路"倡议带来了新的机会，即中国有兴趣在布拉迪斯拉发和科希策的多式联运站进行投资。匈塞铁路这一该地区的主要基础设施投资项目也可以带来某些合作的可能性。合作的机会也可以是建造拥有最先进技术的新铁路通道，以便行使高速列车。

货物从中国到欧洲海运需要 40 天。2017 年 1 月，中国与伦敦连通了第一条直达铁路。货运列车可以在 18 天内从中国东部的浙江义乌直接运送货物到英国。这条路线长约 1.2 万公里，从中国经哈萨克斯坦、俄罗斯、白俄罗斯、波兰、德国、比利时和法国，最终到达英国。缺点是由于各个国家的轨道规格不同而需要换轨。中国的铁路已经在中国和其他一些欧洲城市（如汉堡和马德里）之间开始运营了。伦敦正成为加入"一带一路"倡议的第 15 个欧洲城市（Pravda, 2017）。

中国交通运输协会计划 2018 年中欧班列的班次数量为 500 班次，到 2020 年中国希望每年有 5000 班次，其中约 2000 班次可通过斯洛伐克。斯洛伐克东部正在准备为货运列车启动物流和商业支持的项目，这些项目除了增加就业外，还将为斯洛伐克带来贸易以及相关的收入。从 2018 年起，发自中国大连的列车将开始每周一次前往布拉迪斯拉发的陆港码头。2018 年下半年每周两个班次。与海运相比，铁路运输时间节省约 16 天。除了大连港外，其他中国城市也有兴趣通过斯洛伐克进入欧洲（Ministry of Transport and Construction of the Slovak Republic, 2017）。

"一带一路"倡议不仅涉及基础设施，还涉及新的科学知识、信息技术。斯洛伐克生产商和企业家的一个机会可能是电子丝绸之路项目。该项目将为来自中国不同省份和地区的公司提供创意。应该有一个汇集各类项目的平台，所有提案都将在那里发布，不管是寻找中国投资者的项目，还是想要"走出去"的中国公司的提议。如果斯洛伐克的提案需要一个合适的投资者，那么就可以通过电子丝绸之路找到这个投资者。我们当然也不能忽略旅游和高端技术与产品的生产。无论是中国公司想投资斯洛伐克还是斯洛伐克想投资中国，这个倡议对双方来说都是一个很好的平台。

四　中国和斯洛伐克传统的贸易融资和支付工具

融资的可获得性对于健康的交易系统至关重要。今天，高达80%的全球贸易会得到某种融资或信用保险的支持，但是许多公司仍无法获得所需的金融工具。没有足够的贸易融资，就会错失增长和发展的机会。企业被剥夺了交易和扩张所需的动力（WTO，2016）。

在国际贸易中，我们有三种贸易融资的基本选择。最受欢迎的形式是开放账户，这是出口商提供融资的一种形式。不太受欢迎的是预付款，这是进口商提供的一种融资方式。在两者中间，还有付款交单，即跟单托收和信用证。最常使用的是开放式账户支付方法，因为近年来国际贸易的很大一部分是在区域内的供应链进行的，即在彼此了解和信任的合作伙伴之间进行的。但是在亚洲、非洲和南美洲仍然使用信用证。中国是信用证融资份额较高的国家。对于中国出口商来说，信用证是非常有利的支付手段。

他们通常在装货和向银行出示文件后立即获得出口货物的付款。

信用证的缺点，除了相当复杂的要求外，还包括较高的价格，不过较高的价格是充分考虑了风险和支付速度。在上述地区也经常使用跟单托收。使用这种方式的原因是为了补偿进口商在没有付款的情况下获得货物的风险。这是一种比信用证更便宜的付款方式，但这种方式的付款是在进口商批准后进行的，这需要一定时间，而且这种形式也与买方决定不取货的风险相关。因此只有在对进口商支付意愿和能力毫无疑问的情况下才应使用跟单托收的方式。

信用证和跟单托收也用于该地区的其他国家，特别是印度、巴基斯坦、印度尼西亚以及中东国家。在阿拉伯国家，信用证地位更高；在南美和非洲，信用证也很受欢迎。在一些亚洲和非洲国家，由于缺乏可自由兑换的货币并采用中央管制的外汇体系，外贸法规中就已经规定了在外贸交易中使用信用证的义务，这主要是因为管理机构希望控制这些交易并在交易批准后放出外汇。国际商会（ICC）的报告（2011）证明了这一点。该报告指出，阿尔及利亚的信用证增幅最大，他们采用仅根据信用证向国外付款的措施。近年来有很多关于信用证未来的讨论，这种基于纸质文件的方式目前看来是非常复杂和冗长的，不过在某些地区的国际贸易中是不可或缺的贸易融资手段。此外，减少信用证交易的数量必须考虑到最终的目标水平。如果信用证交易量占10%的出口且这个百分比逐年减少，但这并不意味着这些信用证将不再使用。

斯洛伐克的情况与其他中欧国家相近，例如捷克、匈牙利和波兰。但在这些国家之中，斯洛伐克在国际贸易融资中的信用证份额最小，特别是在出口支付方面。这种情况的原因可以追溯到持续至1989年的外贸垄断时期。虽然当时斯洛伐克有一定程度的去中心化，但就支付交易的地域结构而言，这却没有对信用证交易量产生任何重大影响。1989 年之前斯洛伐克的对外贸易集中在中东欧国家（75%），1989 年后逐渐转向欧盟成员（85%）。在这两种情况下信用证都仅在有限的范围内得到使用。

阻止斯洛伐克出口商更多使用信用证的另一个因素是定价。信用证被认为是一种相当昂贵的支付方式。在发达国家，其中80%—90% 的信用证是由国内的银行确认，这意味着银行有义务在出示文件时向出口商支付适当的金额。据此，银行根据其风险敞口收取风险保证金。该风险边际考虑到交易风险，有时可能很高。通常建议的费用为 75—100 欧元。在斯洛伐克，银行以0.2%—0.3% 的费率收取，最低为 100 欧元。斯洛伐克的大多数银行是大型西欧银行的子公司，各类规定通常由其总部设定。出口商支付交易额的 0.5% 以从银行获得帮助。尽管这个价格水平可以被称为是"变态的"，但出口商应该可以获得足量的信息并考虑使用信用证，因为信用证的开证人付款的义务仍然起着重要作用。另一个问题是一些银行不愿承担这些交易的风险。其中除了债权人将承担银行所构成的风险之外，主要的问题可能是特别担心跟单的风险，特别是在一个已经确认的信用证的情况下。

信用证也被包括在各类支持贸易融资的项目中。这些项目已被国际和区域的金融机构所采用，如欧洲复兴与开发银行、世界银行、伊斯兰开发银行、非洲开发银行和美洲开发银行。这些项目的目的在某种程度上是消除在发展中国家和发达国家之间的国际贸易风险。实际上这意味着，如果银行决定确认信用证，那么对方则是一个评级为 AAA 的机构。此类项目的缺点是需要对所有参与者的认识和经验都要相对较高。通常情况下，由于出口商或其银行不了解这种可能性，或者他们发现情况太复杂，进而没有实现某种贸易交易。

斯洛伐克的历史和经济发展以及金融危机再次表明了该国对外贸易及其融资的巨大脆弱性。斯洛伐克的特点是高度依赖于欧盟国家。目前斯洛伐克的支持出口政策,主要关注那些具有高增长潜力的国家(俄罗斯、乌克兰、巴尔干、东南亚)以及出口增长潜力高的国家(美国、日本、加拿大、澳大利亚、独联体、土耳其、越南、印度尼西亚、北非国家和南非)。这一政策的实际意义要求关注和创造适当的条件,以实现国家主权在国际贸易中所提供的机会。

在付款方面,中国供应商通常使用的方式有:西联汇款,如果他们的订单过小;PayPal,银行电汇30%定金,装运后再付70%;信用证,托管付款和承兑交单。中国供应商通常不愿意接受信用证付款。他们会尝试提供30%的预付款和70%的装运付款条款,这种付款方式是不安全的,因为供应商可能生产劣质商品或者更糟糕的是供应商可能会在收到定金后而消失。当然进口商为了保护他的利益应该提供信用证付款,应与接受信用证作为付款方式的供应商合作。通常小供应商或期待一次性交易的供应商不会同意,而知名的大型供应商将接受跟单信用证。推荐与大型的中国公司合作,因为他们有专门的出口销售部门,熟悉跟单信用证(Mohta,2018)。

中国的许多小型制造商是刚刚能够生存的企业,他们不愿意甚至不能接受信用证,这主要归结为两个因素:一是订单量,二是制造商的规模。信用证的费用因银行而异,还取决于进口商的信用评级、收款人所在的国家以及其他一些因素。据保守估计,信用证的费率应该在0.75%—1.5%。值得注意的是,这些费用由进口商(买方)和收款方人(中国工厂或供应商)共享。根据共同贸易惯例，来自进口商所在国家的所有费用由信用证开证者承担，而目的地国家产生的费用将由双方共同承担。（Mohta，2018）。

五 贸易融资和支付工具的创新

几十年来信用证一直是世界贸易中最重要的贸易融资工具之一。不过其地位正在因实施的新电子工具而发生变化，这些工具可以利用信用证和银行支付义务等开放账户的好处。非常重要的是实现跨境信息的速度越来越快。在欧盟这一进程是单一欧元支付区（Single European Payment Area）。这对斯洛伐克非常重要，因为其90%的外贸在欧洲和欧元区内实现。另外，中国在SWIFT全球支付创新平台（SWIFT GPI）上，对新的国际支付工具发挥着重要作用。

（一）单一欧元支付区

新世纪最重要的支付项目之一便是单一欧元支付区。这是由欧洲支付理事会（European Payments Council）管理的欧洲银行业的一项举措。单一欧元支付区的目的是消除自动清算所（ACH）在内部实现的国内和跨境批量支付交易方式的差异，以提高效率并降低相关各方的成本。单一欧元支付区的最大好处是实现了新的支付格局，以便能够同时实现跨境零售支付和国内支付，更重要的是一个标准化的可能性。

单一欧元支付区还带来了银行系统的一些改变。银行必须为新标准更改国家代码和账号，即国际银行账号（IBAN）和银行识别码（BIC）。这一改变是单一欧元支付区内银行面临的最大挑战，因为他们在成员之间使用的是此前不同的银行账户代码。

关于单一欧元支付区的第一次讨论，主要集中在单一欧元支付区将为消费者、零售商和银行带来零售支付的利益。近年来，全球化达到了十分重要的地位，以至于跨国企业最能从单一欧元支付区受益。在实施单一欧元支付区工具之前，大多数企业必须拥有多个银行账户，通常在每个运营国家有一个账户。在引入单一欧元支付区后，每个企业理论上都可以在整个欧洲与一家银行进行财务运作。这消除了对多种资源、货币、语言、银行和财务管理人员的需求，可以节省大量资金。通过应付账款和应收账款的自动化改善资金业务，可以节省数十亿欧元。"供应链自动化"使企业及其银行能够更加关注提高效率（Skinner，2008）。

这为大公司带来了额外的战略机遇，增强了当前集中化、标准化和自动化的趋势。一方面降低了成本，另一方面又改善了风险控制。集中化是建立一个集中的财务管理、支付和内部银行，这也将节省数十亿欧元。自动化则与信息技术中新面貌和无纸化的运营有关。在标准化方面，SWIFT继续发挥重要作，为大公司提供新的沟通方式。推进集中化目标有助于单一欧元支付区，将使公司能够减少欧盟内部所需的银行账户数量，并促进流动性的集中化。自动化简化了数据协调并使用了新的数据组成。由于消除了一国内部的限制再加上更简单的系统配置，企业能够在整个欧洲协调并使用一种数据库格式（XML）。

欧洲中央银行于2016年11月确定了单一欧元支付区的下一步，即需要泛欧洲的欧元即时支付解决方案。2017年11月推出的单一欧元支付区即时信用转账计划，其最相关的特点是即时性，即资金将在转移开始后不到十秒钟内到账。另一个重要特征是该方案将每周7天、每天24小时供用户和服务提供商访问。这两个主要特征，即即时性和可访问性是最能描述该方案的特征。任何银行或支付服务提供商都可以加入此计划。最初单一欧元支付区即时信用转账计划在七个欧洲国家实施：奥地利、爱沙尼亚、德国、意大利、拉脱维亚、荷兰和西班牙。来自芬兰、比利时、马耳他、葡萄牙和瑞典的支付服务提供商也将于 2018 年准备就绪（Santamaria，2017）。

在支付的功能方面，企业可能比个人的要求更多，而且他们对即时支付的需求可能会更低，因为他们有其他选择的方案。对于纯粹的 B2B，1.5 万欧元的限制可能成为一个障碍。这就是为什么相关机构会非常密切地观察，如果有必要，他们会提高这个限制。然而由于多种目的，具有即时支付的功能是有价值和有益的，企业和商业也将从中受益（Santamaria，2017）。斯洛伐克的银行和支付服务提供商尚未决定何时加入此平台。

（二）贸易服务实用系统（Trade Service Utility）

电子商务和电子银行的进一步发展导致需要一种新的服务，特别是为供应链提供资金以促进其业务。这种服务称为贸易服务实用系统，来自 SWIFT 和世界上几家最大的银行。贸易服务实用系统的几大特点总结（Jančíková，2011）如下。

贸易服务实用系统处理从商业文件中提取的数据元素，这些数据元素主要来自订单、商业发票和若干运输单据，例如通知承运人或货运代理确认收货；自动匹配文件中的数据旨在提供及时和可靠的信息来源，可用于促进有效的审批程序，包括交付前后的融资；贸易服务实用系统是为银行设计的，由银行 SWIFT 共同建设，其中银行既是客户又是股东。贸易服务实用系统与银行竞争，但不会干扰竞争空间。提供数据和匹配来自 SWIFT 的消息使银行能够开发自己的商业解决方案；贸易服务实用系统的管理降低了银行的投资成本。贸易服务实用系统的标准支持参与银行之间的互操作性。其提供的服务描述中包含的规则规定了银行和SWIFT之间的义务；贸易服务实用系统于2007年4月2日正式启用。首次"实时"交易的交换发生在伦敦的摩根大通和香港的法国巴黎银行之间。交易包括订单接受、订单对应的发票和运输数据。

贸易服务实用系统是一个重要的步骤，它允许银行填补产品范围的空白，并为供应链解决方案引入更全面的方法。这是在新的发展阶段中，一种能够针对快速发展市场提供快速回应的客户服务的重要一步。

(三) 银行付款责任 (Bank Payment Obligation)

银行付款责任是指付款银行（买方银行）在贸易服务实用系统等电子平台中，向收款银行（卖方银行）做出的独立、不可撤销的即时或延期付款责任承诺。这是根据国际商会银行付款责任统一规则（URBPO）第3条制定的（ICC, 2013）。银行付款责任强调的是贸易融资中的四个关键因素（SWIFT, 2013）。

1. 付款。银行付款责任是一种付款保证。卖方得到按照付款条件按时支付的保证，而买方可以控制付款执行并优化其银行信贷额度。与跟单类型相比，银行付款责任有望改善出口商的现金流转周期。

2. 融资。银行付款责任是固定的且已被各个银行所接受为融资的可能抵押品。银行付款责任应当作为与信用证类似的会计和资本待遇。卖方可以根据银行付款责任中批准的采购订单或批准的发票，从自己的银行获得装运前/后的融资，而买方可以根据银行付款责任与其银行间协商延期付款条款。银行付款义务的使用允许向进口商或出口商的任何一方提供融资。

3. 信息。与银行付款责任交易相关的电子信息流是基于ISO20022标准，即对于出口商而言，可用数据将有助于改善流转的预测和差异/修正管理。ISO20022将有助于与电子发票服务的整合。

4. 风险缓解。银行付款责任将买方的风险转移给一家或多家银行。卖方可以降低财务、商业和一些运输和经济的风险。

银行付款责任的主要目的是为开立账户业务寻找一种新的、更安全的解决方案，而不是取代信用证。尽管有这一主要意图，但一些公司发现银行付款责任可以大大降低与信用证交易相关的文件风险、成本和困惑。

银行付款责任带来有效的风险缓解并且属于技术不可知型，因为这与用于确定在银行付款责任交易过程中传输数据的合规性或不合规性的匹配引擎相关。ISO20022XML结构与银行付款责任兼容，支持任何类型的字符集并且不受文档大小的限制，在一些主要新兴国家和地区处理官方法律文件时，这一点是十分重要的。凭借其电子化的性质，银行付款责任将促进安全、有效和客观的交易，消除基于信用证的交易中涉及的一些复杂性、低效率和不确定性（SWIFT，2013）。

（四）供应链金融（Supply Chain Finance）和银行付款责任

供应链金融是由金融机构、第三方或使用技术平台的内部企业财务部门所提供的、与贸易相关的参与者之间的合作。供应链金融以电子方式联结供应商、买方和资金服务机构，以提供基于供应链的融资（Chin，2013）。

财务供应链管理允许公司管理和优化整个价值链的现金流。现金流通常非常低效，对于货物融资而言最佳解决方案是使用供应链中最强的信用评级。为了优化供应链中的这些低效率问题，可以使用若干工具和解决方案。在过去几年中，已经开发出一些新的解决方案，例如发票匹配、电子发票、开放账户支付和反向保理以及最具革命性的贸易融资产品之一，即银行付款责任。

供应链融资对于买家的主要优势可以归结为延长付款、商谈商业条款和减少供应违约风险以及通过控制付款时间的执行、按时支付关键供应商、分担支付风险、降低管理成本、减少调查和纠纷以及外包应付款的处理。对于卖方而言，供应链融资的主要优势在于融资前后的两段时期内，可以作为保理的替代和降低利息成本。在现金流优化中的主要优势在于按时获得报酬、优化风险回报交易、改善流动性预测、改善差异管理、分担支付风险、简化电子发票的集成、减少处理工作量。对于银行来讲，主要优势在于一方面是基于市场需求，主要是对新业务商机敞开大门、加强核心关系、满足银行在风险和客户引导方面进行更多合作的市场要求；另一方面，这些优势主要是建立在业务之上，尤其是低风险业务、谨慎使用资金、稳定的佣金和手续费收入、自动化解决方案以及较低的运营成本之上（SWIFT，2012）。

银行付款责任，作为一种电子工具和银行间业务，可以协助银行在整个在卖方和买方的交易中，扩展其对于供应链金融的诉求以及在供应链生态系统中占有更大比例。银行付款责任工具的电子数据驱动性质，可以使得银行有机会在交易周期的早期，发货前和发货后融资中以更优惠的价格提供供应链融资服务。同时，银行付款责任工具的开放性和多银行性质为银行提供了可扩展性，将其基于银行间关系的融资扩展到全球任何一方，其中也包括在已批准的应付账款和贴现应收账款的情况。

银行付款责任结合了信用证的保证和安全性以及开放账户交易

的速度和效率。信用证依赖于 UCP 600 规则下的纸质文件的严格合规性验证。该规则允许银行放款。另外，开放账户模式意味着买方通常在收到货物时根据付款条款付款，如果出现问题，银行不会介入以弥补任何损失。

根据国际商会和 SWIFT 的说法，银行付款责任可以在全球贸易的发展中发挥至关重要的作用。银行付款责任可实现更快，更便宜的付款，并因此更好地进行营运资金管理。在某种程度上，它也可以用于负担潜在风险或为欠款提供资金。一些银行希望这种业务更容易普及，并且在购买之前为客户提供试用的机会。银行还试图向客户介绍其优势。主要的问题是从技术角度来看，所需的投资可能很昂贵。银行付款责任的进程意味着银行和企业必须对其系统进行一些更改，以便能够通过 SWIFT 的贸易服务实用系统以电子方式共享信息。目前使用贸易服务实用系统的交易银行数量有限。如果出口商想要银行付款责任的服务，仅仅获得进口商的同意是不够的，他们必须确保进口商的银行可以访问贸易服务实用系统。

银行付款责任的市场仍处于起步阶段，需要进一步投资，特别是在银行方面。然而，对于像中国这样的新兴市场来说，由国际商会（ICC）发布的统一银行付款责任规则应避免不同法律管辖区之间的潜在讨论和争议。虽然现代贸易融资解决方案在中国开始发展，但中国仍然是一个主要以传统贸易融资为基础的国家，依靠信用证进行贸易融资。这是可以理解的，因为传统的贸易融资产品在 20 世纪已被证明是可靠的融资工具。然而国际银行已开始向中国企业提供供应链金融服务，紧随其后的是中国企业的那些商业伙伴。同时中国企业的伙伴正在开发和提供供应链金融产品和银行付款责任方面取得重大进展。随着中国和跨国银行的不断发展，现代贸易融资产品在中国和世界各地将演变为一个标准化、可靠的产品，这肯定不会花费太长时间（Doser，2013）。

（五）SWIFT 全球支付创新平台（SWIFT GPI）

SWIFT 全球支付创新平台是过去 30 年来跨境支付的最大变化，也是一个新标准。这一平台通过提高速度、透明度和端到端跟踪，极大地改善了跨境支付的客户体验。如今使用新的标准完成了很多跨境支付并且支付速度很快，通常在几分钟甚至几秒钟内完成。

这一平台允许企业获得增强型支付服务，具有以下主要特点：在接收平台成员的时区内可以在当天使用资金、费用透明、端到端支付跟踪和不变更汇款信息。2017 年推出的这一平台已经占 SWIFT 跨境支付流量的 25%。超过 165 家银行（占 SWIFT 跨境支付流量的 80%），包括全球前 50 家银行中的 49 家，已签署该服务。到目前为止，这一平台已经处理了 5000 万笔的平台付款，每天在 350 个国家中以 100 多种货币发送了数十万笔付款。在美国—中国等主要通道中，平台已占到支付流量的 40% 以上。

这一平台被视为中国"一带一路"倡议的重要参与者。它旨在通过提高跨境支付的速度、透明度和可预测性来改善代理银行的客户体验。该服务为中资银行提供更快的交易并通过创建可预测的结算时间、透明的银行费用和外汇汇率来整体改善银行服务体验，这将导致更短的供应周期和更快的客户货物运输。"一带一路"倡议下各国的标准和监管差异带来了诸多挑战，例如缺乏统一通信框架和合规问题。加强"一带一路"倡议线路上的金融联通性对于确保其在推动贸易和刺激亚洲经济增长方面取得成功至关重要（Lee，2018）。

下一阶段，SWIFT 创建了一个由来自中国、澳大利亚、新加坡和泰国的银行组成的工作组，以探索这些支付是否可以进一步加快。工作组将定义一组业务规则，以研究如何克服业务流程摩擦，以促进更快（或接近实时）的付款。该工作组还将研究那种带有平台信息和独特的端到端交易参考（UETR）的国内实时支付系统，以使平台服务的范围扩展到国内支付系统。

六　人民币国际化

在国际合作方面，中国采用了和平共处五项原则。其中包括以下内容（Erbenová，2014）：互相尊重主权和领土完整、互不侵犯、互不干涉内政、平等互利、和平共处。多年来人民币的使用落后于中国的经济发展。这是由于中国采用的限制政策造成的。中国加入世贸组织后，情况开始发生根本性的变化，中国致力于逐步放松此类限制。

中国货币有两种变体，即中国内地使用的货币（境内变体），仅有中国官方的 ISO 代码。另一种是在中国大陆以外使用的货币（离岸变体），有自己的汇率，目前非常接近人民币汇率，但未来可能会有所不同。

人民币于 1949 年发行，当时美元与人民币的汇率约为一元人民币兑两美元。当前的汇率在七左右。这个增长速度受到了一定批评，特别是来自美国的批评。其他发达国家也对中国施加了压力以改变这一问题。政治家也经常对此进行讨论。人民币国际化的开始可能与中国加入世贸组织有关。中国于 2001 年 12 月 11 日成为第 143 个世界贸易组织成员。由 Fojtíková 和 Kovářová（2014）进行的回归分析结果证实，中国加入世贸组织对中国的外来直接投资流入产生了积极而重大的影响。加入世贸组织有助于促进经济增长，但主要有助于治理和立法改革。中国政府统一了法律法规以满足 WTO 的要求。2002 年上半年，中国国务院取消或修改了 30 多个部委的 2300 条规定。这个过程一直持续到现在。

SWIFT 当前致力于人民币国际化。他们多年来一直开发人民币的交易并与各大全球性银行合作，分析人民币在贸易融资、国际支付或金融市场中的使用情况。2011 年，在第一份名为《人民币国际化：对全球金融业的影响》的白皮书（SWIFT 2011）文件中，SWIFT 指出与中国经济所取得的成就相比，中国的货币在国际关系中的利用率未得到充分发挥。主要原因可能是中国国内资本市场在 2002 年以前对外国投资者相对封闭。2010 年 6 月这种情况发生了根本性的变化，世界各地都有可能实现人民币结算付款。我们可以认为这是人民币国际化的开端。参与全球对华贸易的中国和非中国的银行可以在其业务中获得人民币国际化带来的好处。中国的银行则将其视为一个战略机会，可以跟踪他们的客户到海外并开展国际支付清算。非中国银行认为外国企业交易、支付和投资人民币中存在机会。

越来越多的金融机构提出了人民币国际化对其业务影响的问题。人民币化的这一选项已成为大多数全球银行战略的一部分。人民币国际化道路可分为三个阶段：人民币在贸易融资中的使用、人民币在投资中的使用以及使用人民币作为储备货币。在香港的人民币储蓄水平下降表明资本已经开始转向人民币投资产品。虽然中国香港仍然是最大的客户储蓄离岸中心，但其他的金融中心，例如新加坡、英国、德国、法国等国的人民币储蓄水平出现了大幅增长。根据 SWIFT 报告，来自 90 个国家的 1050 家金融机构的人民币业务受到了影响。

斯洛伐克的银行已经加入了全球的银行网络并已向其公司客户

提供人民币账户和付款业务。人民币的付款只能发放给有权从国外接收中国货币付款的、位于中国的收款人，而且必须要与业务合作伙伴进行验证。在某种程度上，人民币仍然是不可自由兑换的受控货币。因此，如有必要银行会要求其客户提供支付交易的业务记录，例如销售合同和运输单据。

然而世界性的货币有第三个维度。它可以作为其他货币的参考点。这种参考货币与其他货币的汇率显示出很大程度上的共同波动。对亚洲货币的观察显示，在2005—2008年，这些货币中有1/6的货币兑美元汇率的相关性超过了人民币。然而，在2010年7月之后，这种关系转变，现在若干货币与人民币（印度尼西亚、韩国、马来西亚、菲律宾、新加坡和泰国）的关联程度更高［Subramanian、Kessler（2013）］。从这个意义上说，可以认为东亚现在基本上是一个新的货币集团。世界其他地区仍以美元为主，但人民币的影响力日益明显。人民币开始像印度、智利和南非的货币一样波动。与中国有重要商业关系的国家自然会尝试将其货币汇率兑人民币相对稳定。还有迹象表明，人民币汇率走高的尝试反映出中国与对方国家之间的竞争程度。

人民币日益增长的重要性不同于日元。日元从未被视为参考货币，在东亚的参考货币一直是美元。我们可以预期各国与中国的贸易关系将继续加强，再加上中国经济增长放缓的因素，人民币将在25年左右成为主要参考货币。通过实现必要的改革，中国可以大大加快这一进程。

当前人民币支付的问题主要是外国银行直接链接到其国内清算网络的能力。中国人民银行于2011年宣布建立人民币跨境支付系统（China International Payment System）。大约100家中国和大型国际银行成为该系统的成员，并通过这一系统直接清算人民币的付款。其他金融机构可以与系统的成员建立代理关系，并通过该系统完成并清算人民币的付款。

根据 SWIFT 的报告，2013 年 10 月，在贸易融资活动的信用证和跟单托收中人民币获得 8.66% 的份额。人民币超过了欧元，仅次于美元，美元的份额为 81.08%。2012 年 1 月人民币仍位居第四，占 1.88%。22 个月来，它的份额增加了 6.77%。美元的位置不会受到威胁，但在未来几年我们可以预期人民币的份额将迅速增长。人民币在贸易融资中的地位，是因为中国对外贸易在贸易融资产品中占有重要份额。信用证仍然是最常用的支付方式之一，尽管近期由于供应链融资中的开放账户支付条件的增加，我们可以看到传统贸易融资工具的数量减少。因此我们可以预期人民币作为支付货币的份额将会增加。人民币在国际支付中是排名第八位的使用率最高的货币，占比为 1.10%。（2012 年 1 月人民币位居第 20 位，2013 年 10 月位居第 12 位）（SWIFT，2018）。

人民币国际化是近十年来最重要的金融事件之一，这为活跃在中国的企业提供了巨大的机会，以改善风险管理和资金运作的效率。然而，作为一种不断变化的形势，即由政府而不是市场力量驱动，企业财务主管必须密切关注最新发展，并选择将本地知识与全球能力相结合的合作伙伴（Liao，2013）。

利用人民币结算给国际企业和中国企业带来了一定的优势。对于国际企业而言，使用人民币为它们提供了集中外汇管理的机会。它们还有机会审查合同并重新协商定价和付款。对于中国企业来说，使用人民币可以减轻管理外汇风险的负担，让它们更有效地定价并从国外获得更多买家。

近年来，人民币在国际贸易中的作用一直在增长。中国境外的外国企业倾向于将人民币兑换成美元或本国货币。人民币仅用于与中国同行进行贸易之中。为了吸引中国境外的企业和个人持有以人民币计价的资金，各个方面需要获得广泛的以人民币计价的投资选择。创造和进一步发展更多种类的人民币金融产品的鼓励措施比以往任何时候都要多。

据渣打银行（2014）的经济学家称，2020年中国28%的国际贸易将以人民币计价；美元、欧元和人民币将主导全球外汇和金融市场，每日成交量从目前的1200亿美元增加到5000亿美元以上；中国资本市场将开放，但具有一些中国特色。直接投资的流动将比目前更容易。只有大额投资才需要获得批准；境外投资者将更容易进入中国的资本市场。离岸资本市场将扩大。离岸人民币债务市场每年将增长30%，达到5000亿美元。通过跨境的"一带一路"基础设施建设，由于国际支付和结算的改善，中国将扩大人民币在"一带一路"沿线国家的使用（SWIFT，2018）。

人民币作为全球货币演变的最后一步是其作为储备货币的全球接受度。虽然有明显的迹象表明人民币正在成为"事实上的"储备货币，例如许多中央银行已经至少持有一些人民币作为储备，但人民币的份额仍然不到1%。此外人民币并未被国际货币基金组织正式承认为储备货币。

这种快速发展影响到世界所有地区。如今，斯洛伐克的银行为客户提供了从使用人民币中获得收益的机会。在未来几年，中国经济将成为世界上最强大的经济体，其货币的地位也将相应提高。人民币国际化一方面是中国改革进程的结果，但与此同时人民币国际化对这一过程有很大帮助。

七 结论

中国经济是世界第二大经济体和世界上最大的出口国和第二大

进口国。对斯洛伐克而言，中国是一个重要的商业伙伴，是外来直接投资的潜在来源，也是旅游、科研、技术和创新合作的潜在合作伙伴。进一步加强中国在全球范围内的经济影响将增加其对斯洛伐克和欧盟的重要性。与中国的贸易关系是基于斯洛伐克在欧盟的成员资格以及两国在世贸组织中的成员资格。

斯洛伐克和中国间的对外贸易额超过 60 亿欧元。其特点是斯洛伐克进口量增加和出口水平波动，这导致贸易中净出口负值的增加，2016 年达到近 45 亿欧元。净出口负值的减少主要是通过斯洛伐克企业，特别是中小企业在寻求出口机会方面的活动增加来实现的。近年来，中国国内市场发展迅速，为斯洛伐克产品创造了新的出口机会。斯洛伐克与中国的对外贸易商品结构长期未发生变化。对中国的出口主要是汽车和各种机械设备。从斯洛伐克到中国的食品出口量非常低，尽管中国的市场很大，但在农产品领域，有必要通过采取措施减少中国进口农产品的行政负担来改善合作。

斯洛伐克和中国之间的投资关系后来开始发展为商业关系。斯洛伐克是中国在欧洲投资额最小的国家之一，与斯所有的邻国相比，斯排在最后。吸引中国资本进入斯洛伐克的措施是持久的，并且在欧盟对俄罗斯实施制裁之后无疑加强了这种措施，这些也都阻碍了潜在的俄罗斯投资者。

"一带一路"倡议在发展合作方面发挥了巨大潜力，特别是在交通基础设施投资领域，目前正在布拉迪斯拉发和科希策建立多式联运枢纽。只要宽轨能够延续至此，这两个枢纽就是非常重要的。"一带一路"倡议的一项重大成功就是在斯洛伐克与中国之间建立了铁路连接。第一列货运列车于 2017 年 11 月抵达布拉迪斯拉发。路线已经存在，接下来的问题就是在去程和返程如何充分利用的问题,这是斯洛伐克在不久的将来面临的最大挑战之一。除了合作确保国际运输和改善食品的出口机会外,还需关注旅游业的发展。与其他领域相似,斯洛伐克在该领域同样落后,并没有发挥其潜力,积极参与"一带一路"倡议也可以带来旅游业的改善。

融资的可获得性对于健康的贸易体系至关重要,贸易融资是大多数跨境商业交易的生命线。几十年来信用证是世界贸易中最重要的贸易融资工具之一。它们的使用取决于许多因素。在斯洛伐克,信用证的数量非常有限,原因很多。而在中国,信用证的使用足以满足中国在世界贸易中的地位。

信用证的地位正在通过实施新的电子工具而发生变化,这些工具可以利用信用证和银行付款责任等开放账户的优势。非常重要的是实现跨境信息的速度越来越快。在欧盟这个过程由单一欧元支付区所代表,这对斯洛伐克非常重要,几乎90%的外贸在欧洲和欧元区实现。2017年单一欧元支付区启动了即时信用转账计划。其特点是即时性,资金将在转移开始后不到十秒钟内便会到账。另一个重要特征是该计划是每周7天、每天24小时可供用户和服务提供商访问。尽管该产品具有创新性,但斯洛伐克的银行和支付服务提供商仍在考虑实施该产品。另外,中国在SWIFT全球支付创新平台上实施新的国际支付工具方面发挥着重要作用。

银行付款责任的市场仍处于起步阶段,需要进一步投资,特别是在银行方面。然而,对于像中国这样的新兴市场来说,由国际商会(ICC)发布的统一银行付款责任规则应避免不同法律管辖区之间的潜在讨论和争议。虽然现代贸易融资解决方案正在中国发展,但中国仍然是一个主要以传统贸易融资为基础的国家,依靠信用证进行贸易融资。这是可以理解的,因为传统的贸易融资产品在 20 世纪已被证明是可靠的融资工具。然而，国际银行已开始向中国企业提供供应链金融服务，紧随其后的是中国企业的合作伙伴。随着本地和跨国银行的不断发展，现代的贸易融资产品在中国和世界各地成为标准化、可靠的产品不会花费太长时间。

（马骏驰译）

参考文献

1. Baláž, P., Harvánek, L. 2015: Možnosti spolupráce 16 krajín strednej a vychodnej Európy s čínou a pozícia Slovenskej republiky. In: Studia commercialia Bratislavensia, no. 30 (2/2015).

2. Buchláková, L. 2017: Slovensko môže byť súčasťou obnovenej čínskej Hodvábnej cesty, In: Pravda 15. 05. 2017. [Citované 5. 1. 2018]. Available online: https://spravy. pravda. sk/ekonomika/clanok/429512-slovensko-sa-mozno-stane-sucastou-obnovenej-hodvabnej-cesty/.

3. China Daily. com. cn. (2018). China ove Top 10 Largest Banks in the World. CHINADAILY. com. cn. June 5, 2018. 2017 [online]. [cit. 2018 – 08 – 01]. Available online: http://www. chinadaily. com. cn/a/201806/05/WS5b15c045a31001b82571e1b2. html.

4. Chin, P. 2013. Enhancing Supply Chain Finance with BPO. In Sibos 2013. Dubai: ICC. Available online: http://www. premiumit. com/newsroom/Premium _ Technology-EnhancingSCF_ withBPO. pdf.

5. Doser, E. 2013. China's Trade Evolution. In GTR Asia Trade and Export Finance Supplement 2013, Available online: https://www. gtb. unicredit. eu/sites/default/files, /press/GTR%20Asia_ Supplement_ Chinas_ Trade_ Evolution. pdf.

6. Erbernová, M. 2014. Chinese Development Assistance in the Region of Latin America. In: Medzinárodné vzťahy/Journal of International Relations, Faculty of International Relations, University of Economics in Bratislava 2014, Volume XII., Issue 1, Pa-

ges 53 – 72. ISSN 1336 – 1562 (print), ISSN 1339 – 2751.

7. Fabián, A., Matura, T., Nedelka, E., Pogátsa Z. 2014: Hungarian-Chinese Relations, Foreign Trade and Investments. In: Medzinárodné vzťahy, Fakulta medzinárodnych vzťahov, Ekonomická univerzita v Bratislave, Special Issue (1) Current Trends and Perspectives in Development of China-V4 Trade and Investment, pp. 96 – 106. ISBN 978 – 80 – 225 – 3894 – 7.

8. Fojtíková, L. 2012: China's External Trade after Its Entrance into the WTO with the Impact on the EU. Proceedings of the 1st International Conference on European Integration 2012, ICEI 2012.

9. Fojtíková, L., Kovářová, J. (2014). Influence of China's Entry into the WTO on Cross-border Financing. Proceedings of the 14th International Conference on Finance and Banking.

10. ICC. (2011): Rethinking Trade and Finance. ICC Global Survey on Trade Finance 2011. Paris: ICC Services Publications. ISBN 978 – 92 – 842 – 0100 – 6.

11. ICC. (2011): Rethinking Trade and Finance. ICC Global Survey on Trade Finance 2011. Paris: ICC Services Publications. ISBN 978 – 92 – 842 – 0100 – 6.

12. ICC (2013). Uniform Rules for Bank Payment Obligations. Paris: ICC.

13. Jančíková, E. 2011: New Trends in Trade Finance. In Harmony-science in the Economy and the Society. Sopron: Faculty of Economics University of West Hungary.

14. Lee, J., 2018. Chinese Banks Work with Swift gpi to Accelerate Their Global Reach. SWIFT Press Release, June 5th, 2018. Available online: https: //www. swift. com/news-events/press-releases/chinese-banks-work-with-swift-gpi-to-accelerate-their-global-reach.

15. Liao, C., 2013: Making the Most of Renminbi Internationalisation. In: GT-NEWS 2013. Association for Financial Professionals.

16. Ministry of Foreign and European Affaires (2015): Informácia "Stav a možnosti hospodárskej spolupráce Slovenskej republiky a Čínskej ľudovej republiky." In: Materiál na rokovanie vlády. Available online: https: //www. mzv. sk/documents/10182/1677593/Hospod% C3% A1rska + spolupr% C3% A1ca + medzi + SR + a + % C4% 8C% C3% ADnou_

materi% C3% A11. pdf/86410367-0901-42eb-803d-79b6a4dfba36.

17. Ministry of Transport and Construction of SR, 2017Do Bratislavy smeruje prvý nákladný vlak z Číny. [online] In: Aktuality Ministerstva dopravy a spojov. 27. 10. 2017. Available online: http://www. telecom. gov. sk/index/index. php? ids = 36301&prm2 = 217202.

18. Mohta, K. 2018: How to Pay Chinese Supplier by a Letter of Credit to Protect Against Bad Suppliers, in ToughNickel, April 1st, 2018, Available online: https:// toughnickel. com/business/How-to-Pay-Chinese-Supplier-letter-of-credit-LC-payment-China-as-protection-against-bad-Chinese-supplier.

19. National Bank of Slovakia. Priame zahraničné investície. Available online: https://www. nbs. sk/sk/statisticke-udaje/statistika-platobnej-bilancie/priame-zahranicne-investicie.

20. Pravda, (2017). Čína už má priame vlakové spojenie s Londýnom, trvá 18 dní. [online] In: Pravda 6. 1. 2017. Available online: https://spravy. pravda. sk/ekonomika/clanok/415997-cina-uz-ma-priame-spojenie-do-londyna-vlakom-tovar-ide-18-dni/.

21. Santamaria, J. 2017. Exclusive Interview with EPC Chair Javier Santamaría on SEPA Instant Credit Transfer. In The Paypers Insights into payments, December 6, 2017. Available online: https://www. thepaypers. com/interviews/exclusive-interview-with-epc-chair-javier-santamaria-on- SEPA -instant-credit-transfer/771099 – 38.

22. Skinner, C. (2008). The Future of Finance after SEPA. Chichester, West Sussex: JohnWiley & Sons Ltd.

23. Standard Chartered, 2013. Standard Chartered Annual Report 2013. Available online: http://reports. standardchartered. com/annual-report-2013/ [Accessed 10 Jan. 2015].

24. Statistical Office of SR. Foreign Trade SR: Available online: http://datacube. statistics. sk.

25. Subramanian, A., Kessler, M., (2013). The Renminbi Bloc Is Here: Asia Down, Rest of the World to Go? In: WP 12 – 19. Peterson Institute for International Economics, Washington.

26. SWIFT, (2013): OPUS Advisory Services. (2013). Observations on the Evolution of Trade Finance and Introduction to the Bank Payment Obligation. Available online: http://www.swift.com/assets/corporates/documents/business _ areas/trade _ opus_ swift_ observations_ 2013. pdf.

27. SWIFT, (2011): RMB Internationalization: Implications for the Global Financial Industry. In: SWIFT RMB Business Insights report. Available online: https://www.swift.com/our-solutions/compliance-and-shared-services/business-intelligence/renminbi/rmb-market-insights.

28. SWIFT, (2012): Supply Chain Finance for Corporates. Available online: http://www.swift.com/assets/corporates/documents/business _ areas/trade _ swift _ BPO_ for_ experts_ webinar. pdf.

29. SWIFT, (2018): SWIFT July 2018 RMB Tracker Monthly Reporting and Statistics on Renminbi (RMB) Progress Towards Becoming an International Currency. Available online: https://www.swift.com/our-solutions/compliance-and-shared-services/business-intelligence/renminbi/rmb-tracker/document-centre.

30. SWIFT, (2017). SWIFT October 2017 RMB Tracker Monthly Reporting and Statistics on Renminbi (RMB), Special Edition: Pacific Reach: Renminbi in the United States and Canada. Available online: https://www.tfsa.ca/storage/news/swift_ rmb_ tracker_ october2017_ special_ report. pdf swift_ rmb_ tracker_ october2017_ special_ report. pdf.

31. Turcsányi, R. Q. , (2016): Postavenie a možnosti spolupráce Slovenska s Čínou v rámci platformy 16 + 1. [online] In: Inštitút ázijských štúdií/CENAA. Available online: http://www.asian.sk/wp-content/uploads/2016/04/Postavenie-a-moznosti-sr-voci-Cine. pdf.

32. Wildau, G. (2017). China Overtakes Eurozone as Word's Biggest Bank System. In Financial Times, March 5, 2017. Available online: https://www.ft.com/content/14f929de-ffc5-11e6-96f8 – 3700c5664d30.

33. WTO, (2016): Trade finance and SMEs Bridging the Gaps in Provision. Available online: https://www.wto.org/english/res_ e/booksp_ e/tradefinsme_ e. pdf.

中国与斯洛伐克的投资合作

亚当·奇布拉*

摘要： 本文分析了中斯经济合作中的投资领域。第一部分包括自中国改革开放以来中国与斯洛伐克之间投资关系的分析。第二部分将分析中国在斯洛伐克经济中投资的动机。最后本文将比较中国在西欧国家和中东欧国家投资的动机。

关键词： 斯中关系；斯洛伐克经济；投资；中东欧国家

一　前言

中国经济在过去四十年中经历了令人难以置信的增长，使中国成为世界经济中主要的全球性合作伙伴。自 1978 年中国实行经济改革以来，中国已成为世界上最大的生产中心，其第二产业（工业和建筑业）占 GDP 的比重最大。经济上的成功带来了从中央计划经济向市场经济的根本转变。[①] 全球化将中国的国际性大市场、技术、资本和管理方式引入了世界，并让中国参与了那些能够引发中国城市和地区增长的国际竞争。[②] 1978 年以前中国禁止外来直

---

* 亚当·奇布拉（Adam Cibuľa），布拉迪斯拉发经济大学国际关系学院，在读博士。

① WEI, Y. (2001)：Decentralization, Marketization and Globalization：The Triple Processes Underlying Regional Development in China. *Asian Geographer*, 20（1）：7 – 23.

② LI, S., S. LI, and ZHANG, W. (2000)：The Road to Capitalism：Competition and Institutional Change in *China. Journal of Comparative Economics*, 28（2）：269 – 292.

接投资。1978 年后通过新的外国投资法后，中国采取了开放政策，取消了这一限制。起初外来的直接投资集中在中国的四个经济区，但仅限于合资企业的形式。

自 20 世纪 90 年代末以来，出现了一种新现象，即中国已成为外来直接投资的重要来源。在此之前中国主要是一个有大量外来直接投资流入的国家。1999 年中国政府发起的里程碑式的政策是"走出去"，旨在支持中国在海外的投资。自"走出去"战略启动以来，中国企业对海外投资的兴趣大大增加，尤其是国有企业。"走出去"背后的主要动机之一是维持货币的稳定性。中国政府积极鼓励其公民和企业在全球范围内开展业务，以使其企业能够与那些越来越多的在中国投资的外国公司展开竞争。① 这些措施使中国更容易在 2001 年加入世贸组织，并提高其企业在全球市场的竞争力，这也体现在海外直接投资额的急剧增加。外流投资的这种异常快速增长使中国成为海外直接投资的全球三大来源国之一，并且有史以来第一次成为净对外投资国。2013 年中国国家主席习近平提出"一带一路"倡议。迄今为止，"一带一路"倡议是中国有史以来最雄心勃勃的计划。根据普华永道的统计，目前有 66 个国家参与其中。在接下来的内容中，我们将考察斯洛伐克参与"一带一路"倡议，以此来研究中斯投资关系的发展。

二 中斯投资关系概览

斯洛伐克的经济（贸易和投资）利益在很大程度上受到中斯关系不对称的影响，例如斯洛伐克对中国的巨额贸易逆差。2017

---

① http：//www. maxxelli-consulting. com/china-go-out-policy/.

年斯洛伐克的对外贸易总额达到了 29 亿欧元，而 2017 年斯洛伐克的贸易逆差最大，对中国逆差达到了 39 亿欧元。①

中国和斯洛伐克的不对称地位也转化为两个国家之间投资的流动情况。由于两国之间遥远的地理距离以及巨大的语言、社会和文化差异，这些流量进一步减缓。斯洛伐克是一个明显关注欧盟的经济体，而中国与东亚和东南亚国家有着密切的经济联系。

斯洛伐克政府的政策目前认为以下领域是进一步发展与中国关系的最重要利益：

①吸引高附加值投资到斯洛伐克；

②支持有潜力的斯洛伐克企业家在中国市场取得成功；

③促进旅游业（吸引中国游客前往斯洛伐克）；

④发展迄今经常被忽视的政治关系。

（百万欧元）

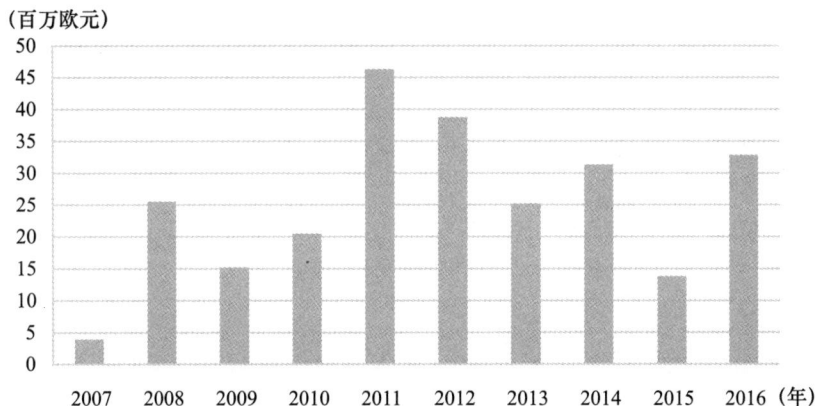

图 1　2007—2016 年中国在斯洛伐克的投资存量

资料来源：斯洛伐克中央银行。

---

① Statistical office of the Slovak Republic（2018）：Zahraničný obchod Slovenskej republiky 12/2017.

斯洛伐克与中国之间的投资关系开始发展，是因为贸易关系及其发展实际上完全取决于中国企业和斯洛伐克公民的投资。然而迄今为止，可以谈论的量相对较小。斯洛伐克在欧洲范围内属于接收中国投资额最小的国家之一，与其周边国家相比也处于最后一位。

图1显示了2007—2016年中国在斯洛伐克的外来直接投资存量。从中可以观察到，在这一时期中国对斯洛伐克的直接投资显著增加，同时中国在中东欧地区也加大了存在，这也伴随着投资机会的增加。不过，斯洛伐克中央银行数据显示投资水平正向和负向的大幅波动。2016年斯洛伐克中央银行的最新数据显示，外来直接投资存量为3280万欧元，其中1120万欧元是股权和再投资收益的一部分，其余2160万欧元是其他资本。①

表1　中国对V4国家的投资（以百万美元计算，1亿美元以上）

国家	总投资额（百万美元）
波兰	1600
匈牙利	4600
捷克	100
斯洛伐克	0

资料来源：美国传统基金会，中国全球投资追踪数据（China Global Investment Tracker）。

根据美国传统基金会的中国全球投资追踪数据②（见表1），该数据列举了中国在全球较大的投资项目，中国对斯洛伐克的投资并没有被列入其中。

与中国的邻国相比，中国对斯洛伐克的投资最少。中国在斯洛

---

① National Bank of Slovakia：Status of FDI in the Slovak Republic，2016.

② http：//www. heritage. org/research/projects/china-global-investment-tracker-interactive-map/china-global-investment-tracker-interactive-map.

伐克的最大投资行为是公司收购。试图改变这种不利局面的典型投资案例是计划收购美国钢铁公司的科系策（US Steel Košice）。多年来人们一直在猜测中国河钢的兴趣，中国河钢是世界三大钢铁集团之一，由中国河北省拥有。而河北省本身就是世界钢铁生产中心。若干年前这家中国公司在塞尔维亚收购了美国钢铁公司的分公司，根据科系策工厂专家的说法，他们公司可以以互补的方式运作。这一美国企业和中国公司曾签署了一份备忘录。根据该备忘录，中国拥有独家购买权，该交易预计在 2018 年 4 月 1 日之后进行。美国钢铁与斯洛伐克政府达成协议，前者承诺不会因为金融风险而抛弃这一工厂。根据最新消息，中美双方没有达成一致，美国人仍继续留在斯洛伐克东部。① 其他中国项目，如 Ipel' 水电站、布拉迪斯拉发机场的购买或长期租赁、中斯直航的引入、中国银行分行的开业、塞内克附近的中国旅游中心或中国中心等，均未能成功。即使是斯洛伐克和中国之间计划开设的昂贵的最新铁路线计划仍未产生任何结果。仅在 2017 年年底从中国到斯洛伐克开设了一条试运行班列。② 另外，斯洛伐克与一家中国企业进行了一个有趣的交易。国新国际购买了一个 24 万平方英尺的仓库，该仓库为三星和乐购在欧洲市场供货。交易金额并没有公开，但是涉及的企业声称是中国在中东欧地区最大的物流投资。③

可以说斯洛伐克在所有四个维谢格拉德国家中与中国的关系方面处于处于领先，尤其是在 2017 年 4 月斯洛伐克通过了 2017—2020 年与中国发展经济关系的概念文件。目前斯洛伐克已将其扩

---

① https：//hnonline. sk/hnbiznis/1739235-potvrdene-u-s-steel-ostane-u-nas-na-neurcito.

② https：//ekonomika. sme. sk/c/20800499/vlaky-z-ciny-do-bratislavy-uz-mali-jazdit-zatial-prisieljediny. html#ixzz5Gck8nxvY.

③ https：//ekonomika. sme. sk/c/20660744/cinania-kupili-sklady-tesca-aj-haly-samsungu-prigalante. html#ixzz5GcPg5Hl5.

展到行动计划，该计划目前正在商谈之中。这两份文件表明，斯洛伐克愿意与中国开展良好的政治关系，但斯洛伐克并没有成功设法利用这种关系来加强经济关系，特别是在出口、投资和旅游业方面。这些文件的中心章节涉及各种议题，例如加强两国之间的政治对话、规划投资战略、支持斯洛伐克出口（特别是中小企业的出口）、规划运输合作、支持旅游业以及创新部门合作。中国在斯洛伐克（以及整个中东欧）的投资预期已经讨论了近十年（自欧债危机以来），但往往都没有实现。

三 中国在斯洛伐克的企业

在斯洛伐克投资的中国企业名单并不是那么长，而且大多数是由不知名的小公司组成。较大的案例是联想，该公司于 2006 年在布拉迪斯拉发成立了服务于中东欧、中东和非洲的技术支持中心。在斯洛伐克联想目前拥有 755 名员工，其任务包括为这些地区的内部和外部客户以及业务合作伙伴提供服务。①

SaarGummi 斯洛伐克公司是斯洛伐克第二大中国企业。这家工业公司是汽车行业的分包商。SaarGummi 斯洛伐克公司最初于 1994 年由德国投资，后来成为德国 SaarGummi 集团的一部分。该公司专注于复杂的汽车车身密封系统，并在德国、西班牙、捷克、斯洛伐克、巴西、美国和印度设有工厂。不幸的是，该公司后来出现财务问题并最终破产。最终整个集团都被中国的重庆轻纺集团收购，这是一家位于中国西南部重庆市的公司，主要从事汽车行业的各种汽车零部件供应。

---

① https：//www.etrend.sk/trend-archiv/rok-2018/cislo-18/servisne-centra-3.html.

ZVL 汽车公司是变速箱、车轴、减速器、拖拉机、收割机和其他农业机械制造商的稳定合作伙伴。该公司生产轴承已有近 60 年的历史。2007 年年底，中国天胜轴承集团成为拥有 ZVL 汽车公司 55% 股权的大股东。①

软控股份是最大的橡胶制造商之一，于 2016 年在斯洛伐克又开设了新的研发和组装厂。软控股份在斯洛伐克的分部是在中国以外的第一家制造业研究分部，拥有约 30 名员工。②

Inalfa Roof Systems 是世界上最大的车顶系统供应商之一。Inalfa 为汽车行业的大部分主机厂设计、开发和制造天窗和开放式车顶系统。③ 2012 年公司正式开始在斯洛伐克西部扩建生产。Inalfa 车顶系统斯洛伐克分公司是 Inalfa 车顶集团的一部分，该集团于 1946 年在荷兰成立。该集团在欧洲、亚洲和美洲拥有 12 个生产工厂和 3 个技术和开发中心，为克莱斯勒、通用、福特、宝马、戴姆勒、雷诺和 PSA 等汽车制造商提供汽车零部件。④

IEE Sensing 斯洛伐克是一家中国企业，此前兼并了一家位于卢森堡的公司及其在斯洛伐克的生产设备。中国投资者因其最佳商业和战略计划而被选中。当地人非常支持且没有对中国投资者有反感。不过总体来看，中国人的存在实际上仍然非常有限，并且公司所有人也没有采取任何措施。

四 中国在西欧和中东欧投资的动机

欧盟已成为中国对外直接投资最受欢迎的目的地之一。28 个

---

① https：//www. zvlauto. sk/historia.

② http：//www. teraz. sk/ekonomika/priemyselcinsky-vyrobca-gumarensky/221551-clanok. html.

③ https：//www. inalfa-roofsystems. com/en/company/.

④ https：//spectator. sme. sk/c/20043900/inalfa-roof-systems-expands. html.

欧盟国家中，中国对外直接投资从 2008 年的 7 亿欧元增长到 2016 年的 350 亿欧元。①

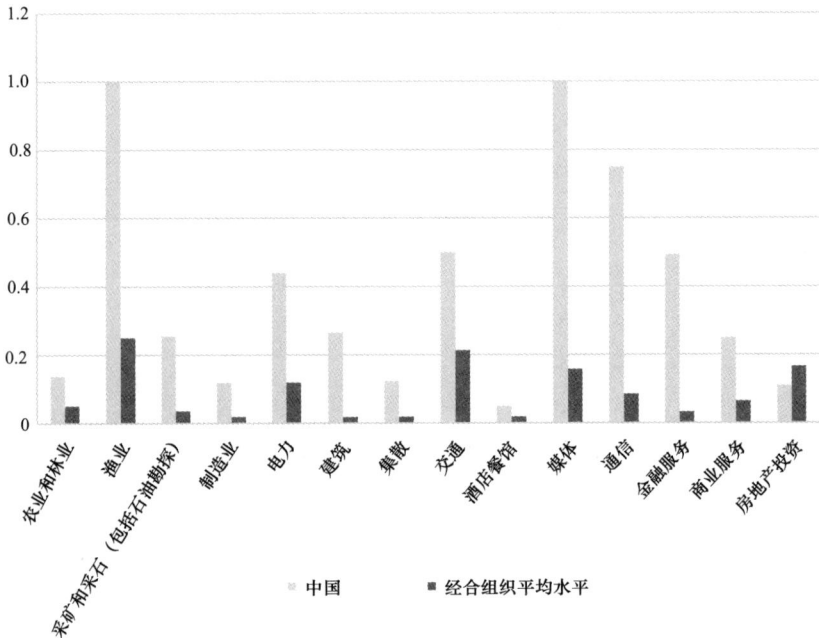

图 2 FDI 监管限制指数（2016 年）

如图 2 所示，逐个部门的比较显示，在 10 个行业的投资中，中国企业对欧盟的投资超过了欧盟企业对中国的投资。这一对比还可以发现，中国在欧盟的大部分收购都不可能让欧盟也在中国实现，因为中国政府的规定阻止外国公司在各自的行业开展业务。这种不平衡在运输和基础设施部门最为明显。②

欧洲经济拥有中国投资者所追求的各类资产和特征。毫无疑

① https：//rhg. com/research/eu-china-fdi-working-towards-more-reciprocity-in-investment-relations/.

② Ibid. .

问，中国需要欧洲（甚至可能反之亦然）。中国投资模式突出了欧洲的吸引力。这种吸引力需要被更好地欣赏和加以利用。中国投资者在欧洲寻求的是：

①技术，包括已成熟的高科技资产、新兴技术和各类知识；

②为了让中国商品和服务进入欧洲市场；

③通过欧洲公司网络进入第三市场，特别是在拉丁美洲和非洲；

④品牌效应，以提高中国产品在国外和中国市场的适销性；

⑤在生产、知识和运输方面融入一体化的区域与全球价值链；

⑥稳定的法律、监管和政治环境，特别是在全球混乱和政治不确定的背景下；

⑦作为一个仅次于美国的第二大经济体，对一个地区的政治和外交影响。

与所有投入资本相比，中国资本在中东欧的作用仍然很小。在寻找使该地区成为中国有利投资目的地的可能因素时，首先要考虑劳动力的成本和质量：对中国来讲，他们那些收益在增长的部门中，需要有技术熟练且成本较低的劳动力，而中东欧的水平比欧盟平均水平低。但是在该地区也存在差异。保加利亚和罗马尼亚的单位劳动力成本比匈牙利、捷克、斯洛伐克和波兰便宜。不过这些差异似乎并没有真正影响中国投资者，因为匈牙利和波兰的投资比罗马尼亚和保加利亚更多。然而，对此的解释可能是集聚效应理论，因为这些国家的外来直接投资在这一地区都较高。

考虑到中国对中东欧投资的动机，中东欧经济融入欧盟制度环境后的变化应是推动中国对该地区直接投资的最重要因素，尤其是制造业。V4 国家的欧盟成员国身份允许中国投资者规避贸易壁垒，而且由于劳动力成本相对较低，这些国家成为组装的基地。

五　结论

本文讨论了斯洛伐克与中国投资关系的发展。虽然初看之下斯洛伐克不是中国首要的战略合作伙伴，但考虑到低成本和充足的熟练劳动力，中东欧地区本身对中国投资者的吸引力越来越大。对于中国而言，作为欧洲所谓的"门户"，该地区成为"一带一路"倡议和"16＋1合作"的关键。

（马骏驰译）

参考文献

1. DUDÁŠ, T. （2014）：China-V4 FDI Relations-a Slovak Perspective. *Current Trends and Perspectives in Development of China-V4 Trade and Investment：Conference Proceedings：International Scientific Conference, Bratislava, March 12 – 14, 2014*.

2. ÉLTETŐ, A., SZUNOMÁR, Á. （2016）. Chinese Investment and Trade-strengthening ties with Central and Eastern Europe. *International Journal of Business and Management*, Vol. IV （1）, pp. 24 – 48., 10. 20472/BM. 2016. 4. 1. 002 https：//iises. net/international-journal-of-business-management/publication-detail-434.

3. FILLOVÁ, N. （2018）：Belt and Road Initiative：the Czech and the Slovak Approaches. In *The Skeptik*, 2018, Vol. 4, No. 1, pgs. 10 – 20 < http：//www. spolocnostskeptikov. sk/sk/node/834 >.

4. KIRONSKÁ, K., TURCSÁNYI, R. Q. （2017）：Slovak Policy towards China in the Age of Belt and Road Initiative and 16＋1 Format. ［Working paper］ < https：//china-cee. eu/working_papers/slovak-policy-towards-china-in-the-age-of-belt-and-road-initiative-and-161-format/ >.

5. MCCALEB A., SZUNOMÁR Á. （2014）：Chinese Foreign Direct Investment in Central and Eastern Europe：An Institutional Perspective. Unpublished Manuscript.

6. SEAMAN, J. , HOUTARI, M. and OTERO-IGLESIAS, M. （2017）: Sizing up Chinese Investments in Europe. In *Chinese Investment in Europe a Country-Level Approach* ETNC Report, December 2017 < https: //www. ifri. org/sites/default/files/atoms/files/ etnc_ reports_ 2017_ final_ 20dec2017. pdf >.

7. TURCSÁNYI, R. Q. （2014）: Chinese Financial Presence in Slovakia and Slovak China-policy. < http: //www. asian. sk/wp-content/uploads/2014/09/chinese-investments- in-slovakia_ ivf_ policy-paper. pdf >.

8. TURCSÁNYI, R. Q. （2017）: "Growing Tensions between China and the EU Over 16 + 1 Platform," In *Chinfluence*, November 2017, < http: //www. chinfluence. eu/ growing-tensions-between-china-and-the-eu-over-161-platform/ >.

9. TURCSÁNYI, R. Q. （2016）: Postavenie a možnosti spolupráce Slovenska s Čínou v rámci platformy 16 + 1. In*Institute of Asian Studies* < http: //www. asian. sk/wp-content/uploads/2016/04/Postavenie-a-moznosti-SR-voci-Cine. pdf >.

10. TURCSÁNYI, R. Q. , ŠIMALČÍK, M. （2018）: Čína na Slovensku: Sme pripravení na budúcnosť? [Policy paper] In*Asociace pro mezinárodní otázky* < https: // www. amo. cz/wp-content/uploads/2018/05/AMO _ cina-na-slovensku-sme-pripraveni-na-buducnost. pdf >.

11. WANG, H. , MIAO, L. （2016）: "Going Global Strategy" and Global Talent. In: *China Goes Global.* Palgrave Macmillan Asian Business Series. *Palgrave Macmillan*, London.

12. WONG, G. , BOOKER, S. , DEJEAN, B. G. （2017）: "China and Belt & Road infrastructure: 2016 review and outlook", *PwC B&R Watch*, February 2017.

"一带一路"背景下斯洛伐克、中国和投资仲裁

马丁·卡拉斯[*]

摘要：最近关于投资保护与国家主权之间冲突的争论，为那种寻求保护海外投资者的资本输出国与寻求保护对外国投资者监管主权的资本进口国之间的差异创造了可能。这引发了对中国和斯洛伐克在新的中欧投资协定谈判背景下对对方投资保护立场的质疑。本文旨在通过分析投资仲裁案例，确定投资保护与国家主权之间冲突的若干议题。然后笔者将从标准主权保护的角度分析投资谈判的最新趋势，并将这些趋势与全面经济贸易协定中的标准进行比较，以便推断中国和斯洛伐克在该问题上的立场。

关键词：投资仲裁；投资协定；中国；投资保护；主权

一 前言

毫无疑问，"一带一路"倡议对斯洛伐克等国家在投资方面有潜在的好处。然而投资也带来了投资者与国家之间以投资仲裁形式发生争议的可能性。虽然中国投资者一般不被认为是容易投诉的

---

* 马丁·卡拉斯（Martin Karas），布拉迪斯拉发经济大学国际关系学院，在读博士。

投资者，但随着近期中国投资的增长，我们也很自然地看到首次出现中国投资者作为原告的投资者与国家争端解决（Investor-State Dispute Settlement）的案例。① 作为一个投资进口国，斯洛伐克在这一方面有着丰富的经验，迄今一共有 13 个案例诉讼了斯洛伐克。此类争端解决的案例主要是由于投资对象国一直希望能够监管投资环境，而投资者一直希望避免这样的监管。为了避免未来和中国投资者产生这样的案例，斯洛伐克希望在中欧投资协定中实施高标准的主权保护措施。国家主权的保护水平以及保护公共部门利益的权利，能够符合斯洛伐克的利益。这些利益已经在全面经济贸易协定中有所体现。这些也可以从监管权利和投资保护之间平衡的角度，被认为是一种投资协定的标准。不过由于中国在 2017 年的对外投资有 1020 亿美元并吸纳了 1680 亿美元的投资，这就是一个完全不同的挑战。② 对于一个庞大资本的吸收和输出国来说，挑战就是找到一种平衡，在通过强力的投资保护条款保护他们的海外投资和限制他们在本土对外来投资者的主权监管权力之间的平衡。这些在中国和斯洛伐克之间的不同，引发了对于他们在投资保护和投资仲裁立场协调方面的问题。

随着来自中国投资的快速增长前景，很有必要去考察一下中国和斯洛伐克对投资保护和国家主权平衡方面的立场。本文首先梳理投资保护和国家主权之间争议的议题，其次分析近期投资协定的最新趋势，以此来考察国家主权与投资保护问题，在中国和斯洛伐克之间究竟会构成障碍还是代表着一个趋同。

本文旨在回答的问题是，投资协定的最新趋势能否在中国与欧

---

① See for example Sanum Investments v. Laos（Ⅱ），Beijing Urban Construction v. Yemen，Ping An v. Belgium，Tza Yap Shum v. Peru，Beijing Shougang and others v. Mongolia.

② World Bank，Available online：https：//data. worldbank. org/，retrieved 15. 7. 2018.

盟的未来投资协定中引入全面经济贸易协定级别的主权保护的可能性，这符合作为净资本进口国的斯洛伐克的利益。将主权保护与投资保护之间的平衡与最近欧盟全面经济贸易协定中的标准进行比较，可以为上述问题提供答案。

二 投资保护和国家主权竞争的定义

自千禧年开始以来，民族国家越来越意识到新自由主义投资保护概念与国家主权概念之间的紧张关系。这是几个备受瞩目的投资仲裁案例所带来的结果。这些案件导致政府向外国投资者支付了大量赔偿，而且这些案例的数量不断增加。

投资保护是一种源于新自由主义理论的概念，强调了外国投资对经济的积极影响。为了刺激外国投资，需要保护投资者免受滥用国家职权。因此，密集的投资协定网路得以建立，其中包含规定外国投资者权利的条款。此外，该系统还需要一个跨国机制来解决因这些投资条款的解释差异而产生的争端。虽然这些条款代表了一种投资保护理论，但投资仲裁可以被视为理论在实践中的实施。

国家主权的概念提出得较早，指的是在一个领土内合法行使权力，这通常归于国家。就本文而言，我们只关注国家主权的一个方面，即对投资监管的主权。因此我们将国家主权视为合法政府在其境内管理投资环境的能力。这种定义可以源自斯蒂芬·D. 克拉斯纳（Stephen D. Krasner）所定义的威斯特伐利亚主权概念，该概念认为完全主权意味着"其他机构相对于国内机构明显缺乏对国家的影响"。

从这些定义中可以明显看出这两个概念是如何冲突的，因为定义一个国家的监管主权范围（和限制）的制度与一个国家在投资领域的完全主权的那种概念是不一致的。因此，民族国家陷入了吸引外国投资即保护海外投资者的愿望，以及他们希望在国内保留主权的愿望。国际投资协定中会对保护投资者和保留主权两者作出规定。通过"保护标准"的概念来实施对投资者的保护,[1] 并通过"监管权力"来实施对国家主权的保护。[2] 保护标准一般是指投资协定中的特定条款，如公平公正的待遇、最惠国和其他条款等。这些条款规定了外国投资者的权利，旨在保护他们免遭国家权力的滥用。监管权一般是指确保那些保护标准之外的事项，例如在合法的公共利益或担保权益方面。因此，本文的分析框架可被视为，一方面对处于国际投资协定的监管权力保护下的完全国家主权的分析；另一方面对处于协定的保护标准下的完全投资保护的分析。

三 投资仲裁实践中的监管主权

投资仲裁的实践进一步决定了国家与投资者之间的冲突如何在投资协定设定的理论框架之外发挥作用。从本质上讲，除了将仲裁从国内法院系统移入国际舞台之外，国际投资仲裁的实践还有两种方式限制了国家的完全主权。直接的方式包括投资者利用仲裁作为杠杆，通过威胁诉讼或通过仲裁来延迟或阻止监管措施，以此作为解决方案的一部分。间接方式包括投资者利用仲裁从违反投资协定的国家中获取补偿，从而让监管措施付出沉重代价。

这种对国家主权的侵犯是间接的，包括阻止国家制定可能导致

---

① See for example Reinisch, A. (2008), *Standards of Investment Protection.*

② See for example OECD (2004), *"Indirect Expropriation" and the "Right to Regulate" in International Investment Law*, OECD WorkingPapers on International Investment, 2004/04, OECD Publishing. http: //dx. doi. org/10. 1787/780155872321.

重大损害的监管措施。Dolzer 和 Stevens 也认识到这个问题并指出："对于东道国而言，对于零征收费用和间接征收费用之间分野的定义决定了国家制定法规的范围。这种法规能够规定所有人在可能被征收费用的情况中的权利和义务。可能有人持有相反意见，即国家在那些不被公共经费所涵盖的领域中采取任何措施。"[①] 这一表述体现了基于保护标准的投资仲裁如何影响主权的问题实质。

在此框架的基础上，笔者将分析五个投资仲裁案例，以说明投资仲裁庭适用的保护标准概念如何影响政府有效规范其投资环境的能力。

案例 1：瑞典 Vattenfall 电力公司诉德国

2009 年，根据能源宪章条约（Energy Charter Treaty），一家瑞典公司 Vattenfall 就其在汉堡市的煤电厂许可证针对德国政府发起了 19 亿美元索赔诉讼。授予许可证的延迟在很大程度上是由于公众对电厂的反对，主要是对燃煤电厂环境影响的担忧。这些担忧得到了绿党的政治支持，绿党自 2008 年以来一直是州一级执政联盟中的一员。在 Vattenfall 向德国国内法院提出上诉后，最终获得了许可证，但是为了保护易北河免受环境破坏，政府提出了额外的要求。这使得 Vattenfall 利用投资者—国家的问题针对德国提起诉讼，公司声称德国间接征收费用和违反公平公正待遇的原则，这两者都是能源宪章条款一部分。最终该案例是通过调节解决的。德国同意收回环境要求并颁发这一有争议的许可证。[②] 不过并没有披露任何潜在的资金交易，这通常是调解阶段的典型方式。本案例说明了在国家认定已有争议的潜在成本过高的情况下，企业如

---

① Dolzer and Stevens, (1995) *Bilateral Investment Treaties*, p. 98.

② Vattenfall v. Germany (I), (March 2011), Award.

何利用投资仲裁的威胁来抵消主权监管措施的影响。

其他一些案件涉及类似的模式，其中有些受到仲裁的威胁，有关的监管措施要么延迟，要么没有实施。① 此类案例十分常见，包括诺华诉哥伦比亚政府案、荷兰 Achmea B. v. 诉斯洛伐克政府案和 Newcrest 矿业集团诉印度尼西亚政府案。②

案例 2：美国 Ethyl 燃料添加剂公司诉加拿大

1997 年 4 月，加拿大议会通过了一项新的环境法，禁止在进口和省际运输中使用汽油添加剂 MMT。MMT 是美国 Ethyl 公司在加拿大最重要的业务。加拿大环境部门已经寻求消除使用 MMT 来保护公众健康。

包括美国在内的许多国家已经禁止使用 MMT 作为汽油添加剂，而 Ethyl 公司仍然是该化合物的唯一制造商。该禁令是 Ethyl 公司根据北美自由贸易协定提出 2.51 亿美元的投资者——国家争端解决索赔，声称加拿大政府违反了协定。案件没有到达仲裁裁决阶段，因为加拿大政府决定通过支付 1300 万美元的赔偿来解决此事。③ 在投资者——国家争端解决的案例中，调解通常可被视为申请人（投资者）的胜利。本案例表明在仲裁的情况下，某些投资协定，例如北美自由贸易协定并没有在环境保护领域对主权进行保护。潜在的成本可以阻止政府在未来制定类似的措施，从而对其主权产生负面影响。最近的投资条款正在解决这一问题，其中包括将投资者与国家争端解决机制排除在那些以环境问题为出发点的措施之外。

---

① It is not always clear that the litigation is the primary cause for the government decision regarging the regulatory measure in question.

② Hamby, C. (2016), *Inside The Global "Club" That Helps Executives Escape Their Crimes*.

③ Ethyl, V. Canada, (1998), Award on Jurisdiction.

案例 3：Suez **集团诉阿根廷**

21 世纪初的阿根廷金融危机成了大规模投资者—国家争端解决争议的导火线，主要是由于阿根廷致力于更好地应对经济衰退。这些案例表明了阿根廷政府如果不被投资者起诉，则无法采取措施打击经济危机。也许最重要的案例是外国自来水供应商与阿根廷政府的长期争议。Suez、Sociedad General de Aguas de Barcelona、Vivendi 和 AWG 集团在布宜诺斯艾利斯投入大量资金获得 30 年的特许经营权，为阿根廷提供饮用水和废水处理服务。争议源于阿根廷当局不愿意根据货币的大幅贬值重新谈判服务进口的关税（按投资项目合同的要求）。政府认为不能提高关税，因为居民根本无力支付更高的服务价格。仲裁庭拒绝了投资者的索赔要求，但是仲裁庭裁定阿根廷打破了投资者的合理预期（由合同所带来的合理预期），违反了相关双边投资协定的公平公正待遇条款。最终裁决阿根廷政府向索赔人支付 4 亿美元加利息。[①] 该案例突出了这样一个事实，即使在严重的经济危机情况下，基于合法公共利益措施的论证也不符合"较旧"的投资协定要求。因此合理预期的概念中，即使在经济危机等难以预测的情况下，也包括稳定的投资环境一项。

案例 4：瑞典 Vattenfall **电力公司和其他企业诉德国**

根据此前那些没有提供专门用于保护国家主权的重要例外情况的协定，即使是基于广泛共识并明显旨在保护公共安全和公共卫生的法律也属于仲裁法庭的范围。其中一个案例是瑞典 Vattenfall

---

① Suez, V. Argentina (2015), Award.

电力公司和其他企业诉德国（ICSID 案件编号：ARB/12/12）。这些能源公司接受德国对于逐步淘汰其领土上的核能生产的决定。但他们的主要论点是基于公平公正待遇下合法期望的问题。德国政府在 2010 年决定延长核电站的使用寿命，随后又修改原子能法，以加速核能的淘汰。这种 U 型转变已被视为破坏了投资者的合法期望。① 因此这一正在进行的仲裁案例可能会给投资者带来巨额赔偿金。该案例说明了投资仲裁制度在与公共利益的监管措施发生冲突时如何优先考虑对投资的保护。政府在改变监管框架时需要非常小心，因为任何变化都可以被视为违反投资者的期望。

案例 5：美国西方石油公司诉厄瓜多尔

最后是一个最著名的案例，美国西方石油公司被裁定因违反美国与厄瓜多尔双边投资协定而向厄瓜多尔政府赔偿 23 亿美元。② 西方石油公司与厄瓜多尔政府合作开采了厄瓜多尔亚马逊地区第 15 区的碳氢化合物。双方之间的冲突源于西方石油公司违反参与协议（Participation Agreement）。美国公司与 Alberta 能源公司签订了勘探权转让协议，而这一协议未寻求厄瓜多尔方面部长级的批准。厄瓜多尔政府受到公众的巨大压力，被要求终止与西方石油公司的合作关系。随后厄瓜多尔政府通过了 Caducidad 法令，终止了这一参与协议并拿回了投资者的所有权。紧随其后，西方石油公司在 2006 年针对厄瓜多尔提交了一份争端案。该案例是诠释投资法中相称性概念的主要例子之一。厄瓜多尔政府的回应被裁定

---

① Zielinski, L., Y., (2017), *"Legitimate Expectations" in the Vattenfall Case: At the Heart of the Debate over ISDS.*

② The amount of compensation has been successfully challenged by Ecuador, and the final amount has been reduced to just under \$1 billion.

为对西方石油公司违反投资合同的不相称行为。① 该案例表明，投资保护协定限制了国家在确定对违反投资合同进行处罚的主权。虽然政府并没有被阻止去采取措施，包括罚款等，但这种处罚措施主要由法院掌握，而且政府往往由于成本高而无法采取此类监管措施。因此政府在确定对违反投资合同而做出相称反应这个方面失去了主权。

这部分的分析主要强调了投资仲裁领域投资保护与国家主权关系的一些主要问题。这些案例表明，现有的投资协定框架及其在法院的实践以多种方式限制了国家的主权。首先，Vattenfall 公司与德国的案例展示了如何通过与国家达成和解来直接规避监管。其次，Ethyl 公司与加拿大的案例强调了投资保护如何通过提高损害外国投资者政策的成本来限制对环境的监管措施。Ethyl 公司与加拿大的案例、Suez 公司与阿根廷的案例都表明，即使与环境和消费者保护明显相关的措施也可被视为违反投资的保护标准。Vattenfall 公司与德国的第二个案例表明，监管框架的变化，即使是基于广泛公众支持的监管框架，也可能被视为违反合法预期而受到攻击。这进而引发了一个问题，即政府是否可以在没有大规模索赔的情况下，为外国投资者改变其环境政策。最后，美国西方石油公司与厄瓜多尔的案例表明，如果投资者违反投资合同，政府没有主权权力来决定对投资者的惩罚措施并且必须向争端解决法庭解释他们对此做出的回应的相称性。本节所分析的问题，可以被认为是任何资本输入国在投资保护方面的主要问题。接下来，我们看看中国在制定协定时对于主权保护和投资保护的认识，以及中欧之间投资协定的最新趋势是否有可能在未来的协定中消除

---

① Occidental, V. Ecuador, (2004), Award, London Court of International Arbitration, Case No. UN 3467.

这些担忧。

四 中国在制定协定时对于主权保护 和投资保护的认识

在这一部分笔者将重点分析中国政府通过投资协定的制定解决上一节所述问题的方式，以及这对于实施全面经济贸易协定主权保护标准的前景意味着什么。更具体地说，笔者将集中讨论中国签署的若干最新协定并尝试分析它们如何解决与投资保护有关的国家主权问题。笔者重点关注各个协定中涉及投资保护或监管的权利的部分，以便了解相关协定保护投资或保护主权的程度。这里将分析的协定是《中华人民共和国政府和加拿大政府关于促进和相互保护投资的协定》（以下简称《中加双边投资协定》）、《中华人民共和国政府和澳大利亚政府自由贸易协定》（以下简称《中澳自贸协定》）和《中华人民共和国政府和大韩民国政府自由贸易协定》（以下简称《中韩自贸协定》）。因此它们可以被视为中国政府对投资相关问题的最新立场，其中自然也包括国家主权与投资保护之间的关系。

通过考察相关条款，笔者认为这些协定表明中国政府在投资保护和国家主权方面的立场具有很大的灵活性。所有协定都包含与投资保护有关的那些传统规定，例如国民待遇、最惠国待遇和公平公正待遇等。不同之处在于主权在这些条约中得到明确的保护，保护的方式也主要是上述章节中涉及的问题。

为各自政府的主权监管措施提供最少保护的协定是《中韩自贸协定》。不过话虽如此，但这份协定仍然主要遵循所谓的"第三代"协定的投资条款趋势。在保护政府的主权措施方面，该条约规定了保护标准的例外情况，例如"各缔约方均可采取以下任何措施：（一）被认为是保护该缔约方的实质安全利益的"①，还有例如审慎例外措施，"不得阻止一缔约方为审慎原因而采取或维持措施"。② 不过双方也提及缔约方会保护合法的居民福祉、卫生、安全和环境目标，不构成间接征收。③ 虽然这一规定很重要，且将迫使仲裁庭根据确定是否发生间接征收的公共目的来审议具体措施，但这与确定是否违反了公正和公平待遇无关。间接征收和公正和公平待遇通常是联系在一起的。《中加双边投资协定》的情形类似，它包含相关的投资保护条款、间接征收的定义以及安全和审慎例外。④ 但是作为对国家主权的额外保护，这一协定包含一项规定，规定协议中的任何内容均不得被引用以用来阻止缔约方采取或保持措施，例如保护人类、动物或植物的生命或健康，与保护生物或非生物可耗尽自然资源有关等。⑤ 这一条款加强了双方在能够证明有关措施对上述目的是必要的情况下进行监管的能力。

最后，在明确保护政府主权以规范其投资环境方面，《中澳自贸协定》有可能是走得最远的条约。在投资保护领域，它保留了大部分传统的投资保护条款，如国民待遇和最惠国待遇等。⑥ 它还

---

① Free Trade Agreement between the Government of the People's Republic of China and the Government of the Republic of Korea, (2015), art. 12.14 (1).

② Ibid., art. 9.5 (1).

③ Ibid., Annex 12. B (3b).

④ Agreement between the Government of Canada and the Government of the People's Republic of China for the Promotion and Reciprocal Protection of Investments, (2012), Annex B. 10 (3), art. 33.

⑤ Ibid., art. 33 (2).

⑥ Free Trade Agreement between the Government of Australia and the Government of the People's Republic of China, (2015), art. 9.3, 9.4.

把处理问题的标准以及对征收的定义等列入了未来工作计划。① 可以预计，这些条款将遵循《中加双边投资协定》中的最新趋势。同样《中加双边投资协定》还包含安全和审慎例外以及保护人类、动植物生命和自然资源保护措施的例外情况。② 然而，中澳的协定比《中加双边投资协定》更进一步，其中有一条是"一方采取的非歧视的和出于公共健康、安全、环境、公共道德或公共秩序等合法公共利益目标的措施，不应作为本节项下诉请的对象"。③ 该规定不仅排除了在该措施明显符合公共利益的情况下间接征收的索赔，而且不包括任何那些基于指称违反公平和公正待遇的索赔。在现行国际投资法中，这一规定是对政府监管主权的最有力保护。

本节的分析表明，中国的投资条约制定方法是灵活的，允许在不同情况下进行不同程度的投资和主权保护。这与以下假设是一致的，即对外投资和流入投资高的国家将试图保护其主权并保护其在海外投资者。为了回答引言中提出的问题，我们现在必须看看这些趋势如何与全面经济贸易协定中的标准保持一致。全面经济贸易协定中关于国家主权保护的条款表明，缔约方重申在其领土内进行监管的权利以实现合法的政策目标，例如保护公共卫生、安全、环境或公共道德、社会或消费者保护以及促进和保护文化多样性等。④ 对中国投资协定制定的最新趋势的分析表明，中国投资协定制定的最新趋势及其灵活性可以激发人们对欧盟未来在中

---

① Free Trade Agreement between the Government of Australia and the Government of the People's Republic of China, (2015), art. 9. 9.

② ChAFTA adds to these exceptions the measures "imposed for the protection of national treasures of artistic, historic or archaeological value". Ibid. , art. 9. 8.

③ Ibid. , art. 9. 11 (4) .

④ Comprehensive Economic and Trade Agreement (CETA) between Canada, of the one part, and the European Union and its Member States, of the other part, Official Journal of the European Union, L 11/23. , art 8. 12 (1) .

欧投资协定中实施全面经济贸易协定及国家主权保护的信心。这是符合斯洛伐克在国家主权与投资保护之间冲突领域的利益,这对中国来说是令人满意的。这一点也可以从斯洛伐克政府对全面经济贸易协定的支持中推断出来。

五 结论

现有投资协定的综合性逐年增加,再加上投资仲裁的实践,在投资协定制定的过程中带来了资本输出国和资本输入国之间的利益冲突。投资仲裁的做法有助于我们更好地理解在面对昂贵的诉讼时保护政府主权所涉及的挑战。本文的分析表明,投资仲裁可以用来推翻国家的监管。此外它还可以让旨在进行环境监管和消费者保护的措施付出沉重的代价。政府在将监管框架应用于新的现实时也必须谨慎,因为这可能被视为违反外国投资者的合法期望。最后政府可能被迫放弃其主权,以确定他们对投资者违约回应的相称性。这些问题为资本输出国和资本输入国之间的投资仲裁创造了不同的立场。本文从斯洛伐克作为中欧新投资协定谈判背景下的资本进口国的角度,分析了这些差异。对中国投资协定制定的最新趋势分析表明,中国政府的立场在实施保护国家主权的规定方面具有灵活性。这种灵活性激发了人们对未来中欧投资协定将在保护国家主权和保护投资者之间取得平衡的充分信心,这对中国和斯洛伐克来说都是令人满意的。

(马骏驰译)

参考文献

1. Agreement between the Government of Canada and the Government of the People's

Republic of China for the Promotion and Reciprocal Protection of Investments, Can. - Chin. , (September 2012), Available online: http: //investmentpolicyhub. unctad. org/IIA/CountryOtherIias/42, retrieved 14. 7. 2018.

2. Agreement between the Slovak Republic and the Islamic Republic of Iran for the Promotion and Reciprocal Protection of Investments, Slo. -Ir. , (2016), Available online: http: //investmentpolicyhub. unctad. org/IIA/treaty/3633.

3. Comprehensive Economic and Trade Agreement (CETA) between Canada, of the one part, and the European Union and its Member States, of the other part, Can. -EU, 2017, Official Journal of the European Union, L 11/23.

4. Dolzer, R. , Stevens, M. , (1995) *Bilateral Investment Treaties*, ICSID, Martinus Nijhoff Publishers.

5. Ethyl, V. Canada, (1998), Award on Jurisdiction, Available online: http: //investmentpolicyhub. unctad. org/ISDS/Details/, retieved 10. 7. 2018.

6. Free Trade Agreement between the Government of Australia and the Government of the People's Republic of China, Aus. -Chin. , (December 2015), Available online: http: //investmentpolicyhub. unctad. org/IIA/CountryOtherIias/42, retrieved 14. 7. 2018.

7. Free Trade Agreement between the Government of the People's Republic of China and the Government of the Republic of Korea, Chin. -Kor. , (December 2015), Available online: http: //investmentpolicyhub. unctad. org/IIA/CountryOtherIias/42, retrieved 14. 7. 2018.

8. Hamby, C. H. (2016), Inside The Global "Club" That Helps Executives Escape Their Crimes, Buzzfeed News, Available online: https: //www. buzzfeednews. com/article/chrishamby/super-court, retrieved 25. 7. 2018.

9. Krasner, S. (Ed.) (2001), Problematic Sovereignty: Contested Rules and Political Possibilities. New York: Columbia University Press. Retrieved from http: //www. jstor. org/stable/10. 7312/kras12178.

10. Reinisch, A. (2008), Standards of Investment Protection, Oxford University Press.

11. OECD (2004), "Indirect Expropriation" and the "Right to Regulate" in Inter-

national Investment Law, OECD Working Papers on International Investment, 2004/04, OECD Publishing. http：//dx. doi. org/10. 1787/780155872321.

12. Occidental, V. Ecuador, (2004), Award, London Court of International Arbitration, Case No. UN 3467.

13. Suez, V. Argentina (2015), Award, ICSID Case No. ARB/03/19, Available online：http：//investmentpolicyhub. unctad. org/ISDS/Details/, retieved 10. 7. 2018.

14. Vattenfall, V. Germany (Ⅰ), (March 2011), Award, ICSID Case No. ARB/09/6, Available online：investmentpolicyhub. unctad. org/ISDS, retrieved 10. 7. 2018.

15. Zielinski, L. , Y. , (2017), "Legitimate Expectations" in the Vattenfall Case：At the Heart of the Debate over ISDS, Kluwer Arbitration Blog, Available online：http：//arbitrationblog. kluwerarbitration. com/2017/01/10/, retrieved 25. 7. 2018.

斯洛伐克视角下中欧投资保护的新时期

卡塔丽娜·布洛茨科娃[*]

摘要："一带一路"倡议为中国和斯洛伐克之间加强投资流动提供了新的机会。虽然中国在20世纪90年代初与捷克斯洛伐克签订了双边投资协定，并且当时几乎与所有现有的欧盟成员都签订了投资协定，但这些投资协定大多数是第一代或第二代。这些协定保证的投资保护水平低于一般国际标准。因此，近年来重塑相互投资保护的问题已经迫在眉睫。2013年欧盟和中国就新的投资协定展开了谈判。该协议提供了一个机会，即针对中国与所有欧盟成员国之间相互投资关系中最紧迫的问题制定新规则。到目前为止，各方解决了许多重要问题。有争议的市场准入问题尚未得到全面解决。最近欧盟关于引入外国直接投资审查机制的倡议也证明这一问题远未解决。该机制目前正在国家层面进行讨论。如果全面经济和贸易协定（以下简称CETA）原本是为了欧盟投资协定实践的一个例子，那么中国和欧盟之间缔结的新投资协定可以为塑造新一代现代的、平衡的投资协定做出重大贡献，并解决中欧贸易和投资议程中若干紧迫的问题。

关键词：FDI；投资保护；中欧投资协定；国际投资仲裁

---

* 卡塔丽娜·布洛茨科娃（Katarina Brockova），布拉迪斯拉发经济大学国际关系学院，副教授。

一　前言

中国与"一带一路"沿线国家之间相互投资的预期增长不仅带来了加强经济合作的积极前景，也带来了解决相互投资法律保护问题和解决潜力投资纠纷的必要性。几十年来各国缔结的双边投资协定，尽管并不完美，但却是一个缔约方在另一个缔约方进行投资保护的一般条款和标准的首选工具。这些协定包括了双方认为受此类协定保护的大量投资类别。此外它们通常以国民待遇和/或最惠国待遇承诺征收和其他待遇标准，如公正和公平待遇、充分保护和安全等形式解决不歧视问题。一些协定也解决无限制资金转回投资者本国的问题。大多数标准投资协定还包括仲裁条款，其不仅提供解决缔约方之间争议的可能性，而且如果由于东道国违反双边投资协定义务带来损失，这也直接向投资者提供了处理的机会。

二　当前的中斯投资情况

中国与斯洛伐克的投资问题从国际法保护方面，可以追溯到 20 世纪 90 年代初，当时捷克斯洛伐克政府与各个贸易和投资伙伴缔结了若干双边投资协定。与中国的投资协议（The Agreement on Promotion and Mutual Protection of Investment between the PRC and CSFR）于 1991 年签署，并于 1992 年生效。该协定为 20 世纪末期这些国家之间的相互投资保护形成了法律框架。在捷克斯洛伐克于 1993 年解体后，作为继承国的斯洛伐克成为该协议的缔约方。从国际投资法标准的角度来看，相互保护投资的基本法律框架一直是不够的。适用的双边投资协定属于中国与其对应方签订的第一代或最多第二代投

资协定。它只规定了现在广泛接受的国际投资保护标准的有限范围。协定在 2007 年略有更新，当时斯洛伐克和中国就修订与投资有关的第 3 条（实施程序）和第 6 条（资金转移）的规定达成了一项附加议定书。然而，尽管进行了这种外在上的改变，但双边投资协定仍然只是部分涵盖了已经被广泛接受的国际投资保护标准，并没有规定违反投资者权利的情况下公开寻求国际投资仲裁的问题。外国投资者直接通过国际投资仲裁寻求保护，以防止东道国违反其在双边投资协定下的义务，这被视为国际投资协定实际应用的主要成就之一。在目前的中斯双边投资协定中，投资者诉诸国际仲裁仅限于极少数征收中的赔偿金额或争议各方（即投资者和东道国）之间具体商定的争议。由于投资者和东道国需要就仲裁解决除征收补偿金额以外的任何争议达成新协议，中斯当下的双边投资协定中包含的国际投资保护标准目前几乎无法执行。

因此，迄今为止没有任何已知的投资仲裁程序涉及中国投资者诉作为东道国的斯洛伐克或斯洛伐克投资者诉作为东道国的中国。当然这也可以首先解释没有潜在争议需要此类解决方案，或者说在斯洛伐克境内实际实现的中国投资数量有限。然而鉴于最近计划尚未实现的中国对斯洛伐克最大钢铁生产商 US Steel Kosice 或私营电视台 Markiza 的投资，对于中国投资者来说，根据国际标准保护他们的投资，这可能会成为一个非常重要的问题。有趣的是，迄今为止，自 20 世纪后期以来在全球范围内，仅有少数几个案例涉及中国投资者或作为东道国的中国的投资仲裁，尽管中国一直用无阻碍的诉诸国际投资仲裁条款达成新的投资协定（所谓的第三代投资协定）。①

---

① Pathirana, D.: A Look Into China's Slowly Increasing Appearance in ISDS Cases, September 26, 2017, Investment Treaty News, Available online: the https://www.iisd.org/itn/2017/09/26/a-look-into-chinas-slowly-increasing-appearance-in-isds-cases-dilini-pathirana/#_ednref3.

然而随着中国对中东欧地区投资的潜在增长，这肯定与"一带一路"倡议的发展有关，预计目前保护相互投资的法律框架会自然而然地被认为是不够的。随着相互投资活动的逐步加强，两国不仅需要解决两国境内实现投资保护问题，还需要解决外国投资流入所必需的市场准入条件。在这方面，中国投资者几乎无障碍地进入几乎所有欧洲国家，斯洛伐克也不例外，因为欧盟以其基本上自由化的市场而闻名。然而这种情况并不是互惠的，目前正在谈判的中欧投资全面协定在多大程度上改变了这种情况还有待观察。欧盟成员国目前正在讨论的另一个问题是拟议的外国直接投资审查机制。欧盟委员会提出了这一提议，以便使得欧盟从安全风险角度对涉及外来直接投资的保护，与大多数欧盟贸易和投资伙伴已经采用的保护水平保持一致。

三 中欧全面投资协定以及与欧盟 对华新投资政策的进展

随着里斯本协定的生效，截至 2009 年 12 月，欧盟已获得谈判和缔结有关外国直接投资的国际协定的独享职权（作为共同商业政策的一部分）。[①] 从那以后，欧盟一直非常积极地开展这项工作，并与一些合作伙伴谈判了许多新的和重新谈判了旧的贸易和投资协议，旨在取代目前在各欧盟成员国和第三国之间达成的双边投资协定这种分散的体系。

在 2012 年 2 月举行的第 15 届中欧峰会上，中欧双方决定启动旨在达成中欧全面投资协议的谈判。在欧盟理事会关于谈判的投

---

① EU's exclusive competence in the area of commercial policy under Article 207 TFEU only covers FDI and not portfolio investment.

票通过后，在 2013 年 11 月第 16 届中欧峰会上，欧盟委员会宣布谈判启动。2014 年 1 月欧盟与中国就新的综合投资协议进行谈判，旨在为目前与相互投资活动相关的各类实际问题建立法律框架。

2017 年 5 月欧洲法院就与新加坡的自由贸易协定提出意见后，欧盟在贸易和投资领域谈判议程的情况略有改变。① 在这一司法判决中，欧洲法院指出自由贸易协定中某些投资条款是共享权能。根据这一决定，欧盟开始将目前谈判达成的经济贸易协定划分为单独的自由贸易协定和投资保护协定。迄今为止，与中国正在进行的谈判进展并未受到影响，因为各方仅从一开始就只是为了达成投资协议。然而，由于该协议涵盖的投资范围广泛，不仅包括外国直接投资，还包括其他类型的投资，这也可能成为一个问题。由于欧盟的专属权能仅包括外国直接投资，因此预计谈判达成的中欧投资协定也必须以"混合协议"的形式达成。因此所有欧盟成员国都必须批准该协定，这使许多人有机会将这个议程变成一个政治问题。

与此同时，截至 2018 年 7 月，中欧双方已经完成了 18 轮谈判，达成了关于相互促进和保护投资的众多基本问题的框架协议。然而，在过去四年里，许多有争议的问题已经显现，特别是相互市场准入条款以及投资国国有或国家补贴投资者的问题。中国和欧盟之间尚未解决这些问题和许多其他问题。可以合理预期的是，当前就这些问题以及其他尚未解决的问题的谈判，将会受到欧盟新晋的关于外国直接投资审查的法规以及次法规初步获得通过的影响，因为对单个欧盟成员国以及整个欧盟存在潜在的安全威胁。此外，欧盟和加拿大的全面经贸协定中关于公共利益议题，从定

---

① Opinion 2/15 of May 16, 2017, ECLI：EU：C：2017：376.

义东道国监管权力的角度，也许能够成为新晋对外来投资的保护措施。

这一进展对斯洛伐克这个作为将会受到新中欧投资协定影响的国家尤为重要。在过去的 20 年里，斯洛伐克遭遇了各种外国投资者根据适用的双边投资协定所引起的众多国际投资仲裁，其主要原因是国家的监管干预导致企业业务受到损失。在没有对基本案例进行详细分析的情况下可以得出的结论是，关于东道国在公共利益中行使监管权力的明确规则及其对外国投资者经济利益的潜在影响，对于设计一个投资者和东道国的合理、互利的法律确定性来讲是重要的一步。在这方面，斯洛伐克将受益于一个欧盟层面就对中国投资和中国对欧投资监管的法规。

关于 2018 年中欧投资协定的第一轮谈判于 5 月 22—24 日举行，涉及征收、国民待遇以及其他相关问题，如一般例外、公平公正待遇、争端解决和可持续性发展等。2018 年 7 月 12 日和 13 日的第二轮重点是关于征收、可持续发展、国民待遇以及公正和公平待遇。2018 年 7 月 16 日举行的第 20 届中欧峰会上，双方首次交换了市场准入要约。[1]

互惠市场准入问题是谈判小组最紧迫的任务之一。在所谓的准入前阶段向外国投资者提供国民待遇，这一承诺在欧洲的标准投资协定和标准的中国现有投资协定中均未得到广泛应用。由于欧盟新的投资协定制定方法以及中国对于外国投资设置较高标准，这个问题很可能成为该协议中的核心谈判问题之一。[2] 中国对外国投

---

① European Commission: Report from the 18th Round of negotiations for the EU-China Investment Agreement, Note to File, Brussels July 24, 2018, Available online: http://trade. ec. europa. eu/doclib/press/index. cfm? id = 1896.

② Measures and Practices Restraining Foreign Investment in China, August 2014, Available online: http://trade. ec. europa. eu/doclib/docs/2014/august/tradoc_ 152739. 08. 10. pdf.

资的限制适用于准入前和准入后阶段。准入前障碍主要依赖于对外国资本参与的排除或限制（例如需包括当地合作伙伴或外国资本限制的限制）、各种强制许可或其他批准程序、通过强制性技术转让的投资，特别是在特定部门，例如金融和电信服务、汽车、萃取和石油工业等。其他限制包括雇用外国人的限制、外国公司进入上海或深圳证券交易所的限制等，这使得外国投资者无法获得当地资本。①

因此，一方对另一方市场的投资如何获得公平条件的问题、解决相互投资保护的具体范围问题、国有或补贴企业的问题以及创造一个有效的解决潜在投资争端的制度是核心问题。这些问题的解决将使得双方在互惠投资促进和保护的透明、互利框架中有一个良好的开始。此外，就 2013 年双方签署的《中欧合作 2020 年战略规划》而言，中欧全面投资协定的签订是长期双边合作的关键支柱。② 根据该文件，投资协定的目的应是保护投资和促进市场准入。这些目标是通过逐步放开投资、消除对外国投资的市场准入壁垒来实现的。③ 同样重要的是，根据所引用的文件，中国和欧盟之间成功的谈判和缔结这样一项全面的投资协议，从长远来看，应被视为双方为了达成全面贸易协定这一挑战性目标的共同利益表达。

关于在国际投资协定制定方面体现欧洲更广泛目标的另一份重要文件是 2015 年 10 月标题为《为了所有人的贸易》的欧盟文

---

① Measures and Practices Restraining Foreign Investment in China, August 2014, Available online: http://trade.ec.europa.eu/doclib/docs/2014/august/tradoc_ 152739.08.10.pdf.

② EU-China 2020 Strategic Agenda for Cooperation, Available online: http://eeas.europa.eu/archives/docs/china/docs/eu-china_ 2020_ strategic_ agenda_ en.pdf.

③ Ibid., art. p.5.

件，该文件阐述了未来欧盟贸易和投资政策所依据的基本原则。①根据欧盟贸易委员马尔姆斯特伦的说法，与消费者、工人和小企业的贸易实际经济利益同样重要的是，开放市场并不意味着欧盟会在全球可持续发展、人权、高水平的安全和环境监管以及公共服务的原则方面妥协。另外，在欧盟谈判期间的透明度也十分重要。根据这一点，欧盟新的贸易和投资政策应该更加有效、更加透明，不仅应该保护欧洲经济利益，还应该保护欧洲的价值观。②

与此相关的是，如果全面经贸协定作为正在进行的欧盟投资协定制定的基准，那么中国与欧盟之间缔结的新投资协定将与欧盟同加拿大谈判的承诺一致，它可能会塑造新一代的现代平衡投资条约，并解决中欧贸易和投资议程中的几个紧迫问题。另一个重要问题是，中国对欧盟成员的投资急剧增加，特别是在中国市场对外国投资没有对等开放的那些部门。近年来，中国投资者收购了在高科技（如德国 Kuka）、金融业、汽车业以及基础设施领域的一些欧洲重要公司的股份或全部所有权。③

随后，可能作为对这一进展的回应，欧盟委员会于 2017 年 9 月宣布了一项新的法规提案，计划引入了一种新的机制，用于审查所有国有、国家补贴或以某种方式与国家相关的企业进行的外国直接投资。④ 上述审查的目标是那些可能对欧盟安全产生负面影

---

① "Trade For All-Towards a More Responsible Trade and Investment Policy", October 14, 2015, Available online: http://trade. ec. europa. eu/doclib/docs/2015/october/tradoc_ 153 846. pdf.

② Ibid. .

③ EU-China FDI Monitor, Rhodium Group, 2Q 2017 Update: Public Version, Available online: http://trade. ec. europa. eu/doclib/docs/2017/september/tradoc_ 156032. pdf.

④ European Commission: Proposal for a Regulation Establishing a Framework for Screening of Foreign Direct Investments into the European UZnion, COM (2017) 487, 13 September 2017.

响的战略部门的外国投资。① 需要强调的是，这一提议的目的只是为了使欧盟的投资审查程序达到与大多数已经制定了此类程序的欧盟主要经济合作伙伴相同的水平（例如美国的海外投资委员会）。这一提案目前正在国家层面进行讨论。

此外，目前有 12 个欧盟成员国已经制定了它们自己的审查法律，以安全和公共秩序为由审查外国直接投资。但是这些机制在范围和程序方面各不相同。② 最近，德国政府对 Cotesa 案进行了干预，Cotesa 是一家为空客和波音生产商生产零部件的创新公司，而中国国有的钢研科技集团的子公司计划收购。③ 事实上，斯洛伐克自己并没有这种外国投资审查机制。因此可以预期的是，随着欧盟新的监管机制出台，斯洛伐克的国家法律也将遵循新的欧盟法律。

四　结论

本文指出，随着中国对斯洛伐克的投资流量的预期增长（反之亦然），目前保护中国在斯洛伐克投资的法律框架（反之亦然）从国际法的角度来看是不够的。1991 年缔结的双边投资协定属于过时一代的投资协定，因为它只规定了现在已经被广泛接受的国际投资保护标准的有限范围，而且在侵犯投资者权利的情况下并

---

① EC Proposal introducing the FDI screening mechanism, Available online: http://europa. eu/rapid/press-release_ IP-17-3183_ en. htm.

② Legislative Train Schedule: A Balanced and Progressive Trade Policy to Harness Globalotiona, Available online: http://www. europarl. europa. eu/legislative-train/theme-a-balanced-and-progressive-trade-policy-to-harness-globalisation/file-screening-of-foreign-direct-investment-in-strategic-sectors.

③ Berlin to probe Chinese deal for German Aerospace Group Cotesa, Financial Times, January 4, 2018, Available online: https://www. ft. com/content/21bb3e4a-f133-11e7-ac08-07c3086a 2625.

没有规定可以获得国际投资仲裁的机会。因此双边投资协定中包含的国际投资保护标准目前几乎无法执行。随着新的中欧投资协定于欧盟层面谈判的开始，欧盟已开始制定一个新的综合性法律投资框架。该框架一旦制定完成，也将适用于中国对斯洛伐克的投资（反之亦然）。在未来投资协定的特定条款方面的谈判取得了重大进展，例如关于投资、投资者的核心定义、公平公正待遇等投资保护标准、最低限度的保护标准、征收以及争端解决、与竞争相关的程序公正和标准制定。关于未来潜在的争端解决，中欧双方已经开始着手定义一个现代的综合性的体系。该体系将避免当前国际投资仲裁制度中那些典型问题，例如缺乏透明度、国际投资仲裁中矛盾决策的风险以及由此带来的公众认为当前系统缺乏合法性的可能。此外，通过新的外国直接投资审查机制，由于欧盟方面的安全而对市场准入的潜在重新调整的条件将被澄清。如果顺利完成这一审查机制，中欧双边投资协定将是形成现代的、负责任的、全面的互利法律投资框架的一大进步。该框架与全面经贸协定一起可以形成一个基准条约，用以解决国际投资法律保护中最紧迫的问题。

（马骏驰译）

参考文献

1. Agreement on Promotion and Mutual Protection of Investment between PRC and SR, 37/2000 Collection of Laws of the Slovak Republic, Available online: https://www.slov-lex.sk/pravne-predpisy/SK/ZZ/2000/37/20070525.

2. Berlin to Probe Chinese Deal for German Aerospace Group Cotesa, Financial Times, January 4, 2018, Available online: https://www.ft.com/content/21bb3e4a-f133-11e7-ac08-07c3086a2625.

3. EU-China 2020 Strategic Agenda for Cooperation, Available online: http://eeas. europa. eu/archives/docs/china/docs/eu-china_ 2020_ strategic_ agenda_ en. pdf.

4. EU-China FDI Monitor, Rhodium Group, 2Q 2017 Update: Public Version, Available online: http://trade. ec. europa. eu/doclib/docs/2017/september/tradoc_ 156032. pdf.

5. European Commission: Proposal for a Regulation Establishing a Framework for Screening of Foreign Direct Investments into the European Union, COM (2017) 487, 13 September 2017.

6. European Commission: Report from the 18th Round of Negotiations for the EU-China Investment Agreement, Note to File, Brussels July 24, 2018, Available online: http://trade. ec. europa. eu/doclib/press/index. cfm? id = 1896.

7. Legislative Train Schedule: A Balanced and Progressive Trade Policy to Harness Globalotiona, Available online: http://www. europarl. europa. eu/legislative-train/theme-a-balanced-and-progressive-trade-policy-to-harness-globalisation/file-screening-of-foreign-direct-investment-in-strategic-sectors.

8. Measures and Practices Restraining Foreign Investment in China, August 2014, Available online: http://trade. ec. europa. eu/doclib/docs/2014/august/tradoc_ 152739. 08. 10. pdf.

9. Opinion 2/15 of May 16, 2017, ECLI: EU: C: 2017: 376.

10. Pathirana, D. : A Look Into China's Slowly Increasing Appearance in ISDS Cases, September 26, 2017, Investment Treaty News, Available online: the https://www. iisd. org/itn/2017/09/26/a-look-into-chinas-slowly-increasing-appearance-in-isds-cases-dilini-pathirana/#_ ednref3.

11. "Trade For All-Towards a more responsible trade and investment policy", October 14, 2015, Available online: http://trade. ec. europa. eu/doclib/docs/2015/october/tradoc_ 153846. pdf.

在中国与中东欧国家的学术与研究合作中建立新的道路

——以布拉迪斯拉发经济大学与浙江省教育合作为例

波里斯·马托什[*]

摘要： 中国与中东欧国家关系在过去几十年中经历了不同的阶段。中国—中东欧国家合作（即"16＋1合作"）以及"一带一路"倡议将中国的注意力集中在欧洲大陆的这一部分。合作平台一直在不断完善，合作领域不断扩大，这使得中国与中东欧国家走得越来越近。在教育合作领域，"16＋1合作"提出五年以来，这种合作的状态和成果是什么？本文的重点是梳理中国与斯洛伐克学术合作的实践，特别关注布拉迪斯拉发经济大学和浙江省的合作。

关键词： 中国；中东欧国家；"16＋1"平台；"一带一路"倡议；学术科研合作

一　前言

中国的"一带一路"倡议正试图通过连接东西方陆地和海洋

---

[*] 波里斯·马托什（Boris Mattoš），布拉迪斯拉发经济大学，主管国际事务的副校长。

来重新构想古老的丝绸之路贸易路线。几个世纪以来，丝绸之路促进了西方和东方文明的交流。此外，"16＋1合作"平台也显著提升了其知名度，并被视为一种宝贵的经济和政治工具，以进一步推动中国的"一带一路"倡议。

建立"16＋1合作"的想法源于2004年欧盟东扩和2008年金融危机，因为这两个因素改变了中国对欧外交政策的视角，并决定更加关注与中东欧国家的关系。2012年4月，在时任中国总理温家宝访问波兰期间，该倡议正式成立。当时温家宝总理宣布了中国促进与中东欧国家友好合作的12项措施。这份文件描述了中国与该地区国家交流的计划。这一合作包括在中国外交部欧洲司设立中国与中东欧国家合作秘书处、建立特殊的贷款机制、设立投资基金、学术界和文化合作。这是中国进入中东欧地区的明显迹象，也是积极加强与中东欧国家关系的意愿。①

以下国家被列入了"16＋1合作"：5个中欧国家（捷克、匈牙利、波兰、斯洛伐克和斯洛文尼亚）、3个波罗的海国家（爱沙尼亚、拉脱维亚和立陶宛）和8个东南欧国家（阿尔巴尼亚、波黑、保加利亚、克罗地亚、马其顿、黑山、罗马尼亚和塞尔维亚）。其中共有11个欧盟成员国和5个非欧盟国家。正如 Pendra-kowska 指出，考虑到中东欧国家在三个海洋——波罗的海、亚得里亚海和黑海之间的地缘战略位置，中国正在真正创造各种施加影响的可能性以形成未来的决策。②

---

① Szczudlik-Tatar, J. 2013. China's Charm of ensive in Central and Eastern Europe: The implementation of its "12 measures strategy", p. 1.

② Pendrakowska, P. 2017. Belt and Road Initiative and "16＋1" Challenges for Poland and CEEC, p. 498.

"16 + 1 合作"是一个中国多边外交中相对较新的事物。[①] "16 + 1 合作"框架是多方面的,其所有组成部分都被纳入了中国的公共外交之中。这些外交的新领域加强了中国与中东欧国家的联系。各类主要的决策均是年度领导人峰会上做出的。自2012 年以来,在华沙(2012 年)、布加勒斯特(2013 年)、贝尔格莱德(2014 年)、苏州(2015 年)、里加(2016 年)、布达佩斯(2017 年)和索菲亚(2018 年)分别举办了首脑峰会。下一届"16 + 1"峰会将于2019 年在克罗地亚举行。2020 年的会议将由中国主办。[②]

有研究表明,尽管大部分的中国投资流向西欧国家,中东欧地区也引起了中国的关注。即使中东欧地区的经济表现(基于购买力平价的人均 GDP 水平)低于欧盟平均水平,该地区的经济增长潜力可能会超过西欧国家。此外,该地区的总人口为 1.2 亿人,因此该地区的市场潜力和作为欧盟市场的入口都是重要的。[③]

正如有的研究所指出的那样,"一带一路"倡议在 2017 年 10 月中共十九大被写入了党章。因此,在可预见的相当长时间内,"一带一路"倡议仍然是中国外交和经济政策的核心。它已成为中国经济治国方略的重要组成部分,因为它试图通过使用经济利益和一系列措施来获得影响力。[④]

有研究认为,"一带一路"在国内背景下的影响不同于其在国

① Przychodniak, M. 2018. The "EU effect": How European Union Influences State's Involvement in the "16 + 1" China-Central and Eastern European Countries (China-CEEC) Initiative, p. 3.

② Coordinating Secretariat for Maritime Issues 16 + 1. Online: http://ceec-china-maritime. org/blog/7th-central-and-eastern-europe-china-summit-16-1-in-sofia/.

③ Zhang, L. -Greš, M. -Brocková, K. 2017. Current and Potential Chinese Foreign Direct Investment in the Slovak Republic, p. 85.

④ Pardo, R. P. 2018. Europe's Financial Security and Chinese Economic Statecraft: The Case of the Belt and Road Initiative, p. 238.

际合作和伙伴关系中的影响。① 首先，在中国国内，"一带一路"是一个发展战略，标志着中国进入推动伟大事业的新阶段。促进社会和经济发展需要新的方法和措施以及经济、政治、文化、社会和生态文明发展之间的协调。"一带一路"完美地体现了这种对中国整体及区域社会经济发展有利的更为开放的方法，以及解决那些在省份地方层面产生的、与世界经济相关的社会经济问题的方法。其次，由于奉行改革开放政策，中国经济已经在很大程度上与全球经济联系起来，并与区域经济的发展保持同步。这种协调发展应继续作为其基本原则。

在国际社会的背景下，"一带一路"倡议是一项国际合作倡议，它主要侧重于刺激区域经济发展，通过加强在周边国家和地区的基础设施建设、能源合作和贸易程序简化方面的合作，为中国及其商业伙伴的发展创造了机会和条件。互惠互利、共同发展、共同繁荣是合作的主要原则，而实施这种合作的主要原则是共商共建共享。为实现这一目标，有关政府必须调整其政治方针，加深各自国家人民之间的密切联系。值得注意的是，在提出"一带一路"倡议时，中国政府并不仅仅是为了自身利润最大化，而是认真思考中国商业伙伴如何获利并促进互利共赢的理念。中国不打算单方面使用"一带一路"倡议，将其货物和制造业强加给合作伙伴。习近平主席提出的双赢是发展"一带一路"倡议的唯一途径，因为它需要增加联通性和参与国发展战略之间的协同作用。中国正在提出一条双向道路。它正在促进中国的商品、技术和海外投资，同时也欢迎外国投资、技术、商品和服务并创造条件吸引这些要素。在2017年5月北京举行的"一带一路"峰会上，中

---

① Li, Y. 2018. The Greater Eurasian Partnership and the Belt and Road Initiative: Can the Two Be Linked? p. 2.

国国家主席习近平向在场的其他国家的许多高级官员宣布，中国将于 2018 年开始举办国际进口博览会。[①]

二 学术和科研合作

大学之间的国际合作关系可以说明不断变化的政治、社会和文化。欧盟和中国正面临共同的全球挑战。创新和可持续增长在 21 世纪也变得至关重要。这些问题的解决方案需要在所有领域，特别是科学、技术和创新方面不断合作。在这方面，学术界特别是大学和研究机构的参与至关重要。

建立科研机构研究网络作为中东欧和中国在全球问题上进行对话与合作的平台，是伙伴机构的研究人员长期努力的结果，这为科研和联合研究、跨学科项目以及科学家和学生交流提供了机会。自 2012 年以来，中国与中东欧国家之间的互联互通和人文交流已经发展成为一个不断增长的网络平台，融入了智库和教育机构。接下来主要关注的是浙江省宁波市在"一带一路"倡议和"16 + 1 合作"中学术与科研合作的角色。

宁波是中国东部浙江省的一个人口为 750 万的海滨城市，在支持中国与 16 个中东欧国家合作方面取得了重要的进展。宁波曾经是古代海上丝绸之路上的重要港口，是中国对外贸易的重要枢纽。宁波正在开展多项领先项目，重点是"一带一路"和"16 + 1 合作"方面，例如宁波市"一带一路"建设综合试验区、"16 + 1"经贸合作示范区以及中国—中东欧国家贸易便利化检验检疫试验区等。浙江省政府于 2017 年 9 月批准了设立宁波市"一带一路"建

---

① Li，Y. 2018. The Greater Eurasian Partnership and the Belt and Road Initiative：Can the Two Be Linked? p. 2.

设综合试验区。该区主要位于宁波梅山新区，将建成一条"一带一路"的航运运输物流中心和投资与贸易便利化的区域，同时也是工业科技合作示范区、金融保险服务示范区以及文化交流门户区。

三　布拉迪斯拉发经济大学与浙江省宁波市的合作

布拉迪斯拉发经济大学参加了过去三年在宁波举办的多项教育活动，例如第三届、第四届和第五届中国（宁波）—中东欧国家教育合作交流会的代表、中国—中东欧博览会等。[①]

布拉迪斯拉发经济大学自 2017 年 6 月起成为丝绸之路商学院联盟（ASR）的创始成员，该联盟拥有来自中国和 19 个国家的 76 所大学（例如布拉格经济大学、塔林理工大学、拉脱维亚大学、华沙经济学院、诺维萨德大学、吴松大学等）。该联盟的主要任务是在联盟成员之间进行教育、科学和研究方面的合作。根据"一带一路"倡议，以宁波作为海上丝绸之路的重要港口为基础，该联盟旨在联合全球知名商学院，并为学生、学者和企业家建立跨境交流平台，促进商业、经济和教育信息的共享和传播并建立商学院的全球俱乐部。丝绸之路商学院联盟的服务范围主要是建立跨境和跨区域的人才教育交流机制。丝绸之路商学院联盟正在提议设置人才培养的国际合作项目（学生交流学习计划、跨国学生

---

① 有如下斯洛伐克的大学参加了教育交流会：布拉迪斯拉发经济大学（2016—2018）；斯洛伐克技术大学（Slovak University of Technology）（2016、2017）；斯洛伐克农业大学（2016）；圣西里尔和美多德大学（University of Ss. Cyril and Methodius）（2016、2017）；斯洛伐克兽医大学（University of Veterinary Medicine and Pharmacy）（2016）；马泰耶·贝拉大学（University of Matej Bel）（2018）；亚历山大·杜布切克大学（Alexander Dubček University）（2018）和日立那大学（University of Žilina）（2016—2018）。

培训计划、就业和创业项目）和教学与研究培训项目（在线课程建设、教师研究和学术交流、教师培训计划）。

布拉迪斯拉发经济大学与中国的大学之间开展了很多非常有效的合作。① 2016 年布拉迪斯拉发经济大学与宁波大学签署了谅解备忘录，并于 2017 年签署了学生交流协议。2018 年宁波大学商学院和布拉迪斯拉发经济大学商业管理学院签订双学位协议，分别是经济管理和综合管理学士和硕士学位。在上一学年，我们招收了 2 名学生。在本学年，我们将在欧盟 Erasmus + 计划的框架内招收宁波大学的 4 名学生。布拉迪斯拉发经济大学与天津大学、西南财经大学和上海对外经贸大学签订了双边协议。与位于斯洛伐克科技大学的孔子学院合作，为学生提供 UEBA 标准中文课程。

中国与中东欧国家之间的合作不仅促进了中国大学与中东欧大学之间的双边合作，也促进了中东欧各个大学之间更密切的互动。由于"16 + 1 合作"，布拉迪斯拉发经济大学与捷克查理大学、匈牙利罗兰大学、诺维萨德大学、塞尔维亚大学和里加斯特拉迪什大学建立了更密切的合作关系。

四　结论

在"一带一路"倡议和"16 + 1 合作"的背景下，学术合作是中国与中东欧国家关系的重要支柱之一。没有比人与人接触更好的方式来建立信任和理解。此外，在学术层面进行更密切的合作，也能够交流思想和创新思想，从协同作用中获益，建立国家

---

① 布拉迪斯拉发经济大学成立于 1940 年，当前被认为是斯洛伐克最好的教育和科研机构之一。该大学是一所关注经济、商业和管理的大学。这所中等规模的大学（8000 名学生）有 60 多门本科、硕士和博士的教育课程，包括在欧洲和亚洲的联合培养或双学位项目。经济大学与世界 100 多个国家的大学机构有着超过 300 多个双边协定。

间的相互了解，使世界各地更加接近。中国与中东欧国家之间的人文交流在过去五年取得了巨大的发展。人员交流的规模、水平和效果得到了空前的推动，中国与中东欧国家的相互了解更加深入，教育、研究和科学领域的合作取得了显著的成果。在"16＋1合作"中，合作已成为国际研究领域的热门话题，极大地推动了中东欧研究作为中国和中东欧合作研究领域的发展。

中国与中东欧国家之间的这种关系，是通过公共外交来促进的，这可能比其他外交工具能取得更大的成果。文化教育合作与交流可以促进两国关系的发展和人文之间的联系，例如更好地了解其他国家的政策，加强两国的进一步合作，减少两国发生冲突的可能性。我们应当以最多样化的方式来发展我们在"16＋1"中的合作，不仅是在形式上而且在内容上也要多样化。这是一个互相丰富和提高我们所追求的学术卓越的绝佳机会。

（马骏驰译）

参考文献

1. Li，Y. 2018. The Greater Eurasian Partnership and the Belt and Road Initiative：Can the Two Be Linked? In：Journal of Eurasian Studies，Volume 9，Issue 2，July 2018，pp. 94 – 99. ISSN：1879 – 3665.

2. Pardo，R. P. Europe's Financial Security and Chinese Economic Statecraft：The Case of the Belt and Road Initiative. In：Asia Europe Journal，September 2018，Volume 16，Issue 3，pp. 237 – 250. ISSN：1610 – 2932.

3. Pendrakowska，P.，Belt and Road Initiative and "16 ＋1" Challenges for Poland and CEEC. 2017. In：XⅦ International Scientific Conference on Industrial Systems (IS'17) Novi Sad，Serbia，October 4. – 6. 2017. University of Novi Sad，Faculty of Technical Sciences，Department for Industrial Engineering and Management. Online：A-

vailable online: http: //www. iim. ftn. uns. ac. rs/is17, pp. 498 – 501. ISBN 978 – 86 – 7892 – 978 – 6.

4. People's Government of Ningbo Municipality. 2018. In: Available online: http: //english. ningbo. gov. cn/art/2018/6/11/art_ 931_ 923624. html.

5. Przychodniak, M. 2018. The " EU Effect": How European Union Influences State's Involvement in the "16 + 1" China-Central and Eastern European Countries (China-CEEC) Initiative. In: Working Paper of the China-CEE Institute nr. 16, 2018, Available online: https: //china-cee. eu/wp-content/uploads/2018/07/Marcin-Przychodniak. pdf ISSN: 2560 – 1628.

6. Shenggao, Y. , Ningbo Prospers from CEEC's Continuing, Dynamic Cooperation. In. China Daily, June 6, 2018. Available online: http: //www.chinadaily. com. cn/cndy/2018 – 06/06/content_ 36334807. htm.

7. Szczudlik-Tatar, J. 2013. China's Charm Offensive in Central and Eastern Europe: The Implementation of Its "12 measures strategy" . In: "The Polish Institute of International Affairs-PISM Bulletin", no 106 (559), October 4, 2013. Available online: https: //www. files. ethz. ch/isn/171360/Bulletin% 20PISM% 20no% 20106% 20 (559) ,% 204% 20October% 202013. pdf.

8. Zhang, L. -Grešš, M. -Brocková, K. 2017. Current and Potential Chinese Foreign Direct Investment in the Slovak Republic. In: Baltic Journal of European Studies. Tallinn Law School, Department of Law, School of Business and Governance, Tallinn University of Terchnology, Volume 7, Issue 1, pp. 85 – 97. ISSN 2228 – 0596.

斯洛伐克布拉迪斯拉发经济大学学生
对中国及其经济举措的认知

鲁多尔夫·库哈尔奇科*

摘要：本文论述了斯洛伐克布拉迪斯拉发经济大学学生对中国及其经济举措的看法。本文展示的是问卷及其评估的结果。问卷的问题主要是关于对中国在中欧地区投资的了解程度（特别是在斯洛伐克）、关于"16＋1合作"的知识及其内容和目标、对"16＋1合作"有效性的看法、对欧盟在这方面的立场的看法等。上述问题为我们提供了关于所有这些问题了解程度的调查。

关键词：调查问卷；对中国的理解；学生；斯洛伐克

一　前言

本调查是 2018 年 9 月在斯洛伐克布拉迪斯拉发经济大学进行的。调查对象为 462 名学生，334 名女生，124 名男生，其中另有 4 人不愿透露性别。学生是本科生和硕士生。问题的结构是很清晰的，学生们主要被问及"一带一路"、"16＋1合作"及其目标以

　＊　鲁多尔夫·库哈尔奇科（Rudolf Kucharčík），布拉迪斯拉发经济大学国际关系学院，院长。

及学生们的信息来源等。还有其他一些宽泛的问题,例如在斯洛伐克的投资等。一共有 14 个问题,其中有 13 个直接与调查的内容相关,例如"一带一路"和"16 + 1 合作"。12 个问题是选择型问题,2 个问题是开放式问题。

二 调查结果

如图 1 所示,大部分学生听说过"一带一路"倡议(60%),32% 的受访者没有听说过。这意味着仍存在很大程度的信息缺失。还有 8% 的受访者并不确定他们是否听说过"一带一路"倡议。这意味着有 40% 的受访者依旧需要额外的信息来了解"一带一路"倡议。

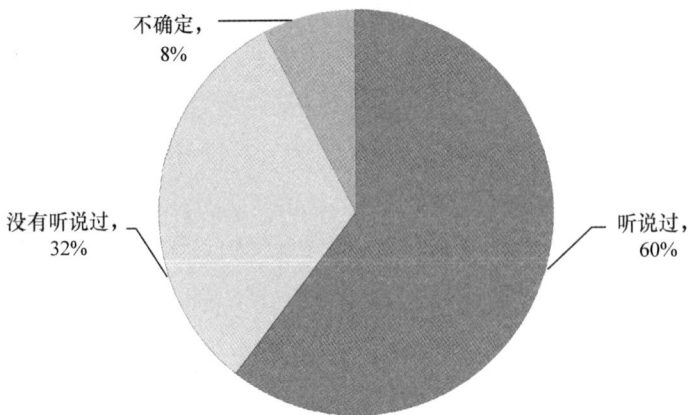

图 1 你是否听说过"一带一路"倡议?

第二个问题有 141 个受访者回答。其中一部分受访者同时选了多个选项。如图 2 所示,大部分关于"一带一路"倡议的知识来自网络和大学(大约有一半的受访者)。电视、报纸和期刊则相对占比较小。其他来源占比则更小,例如仅有 7.1% 的受访者信息来源是朋友或亲戚,只有一个学生表示信息来源是在中国参加的夏令营和学位论文。需要指出的是，大部分最后一年的在读硕士，他们对此的信息来源是大学本身。

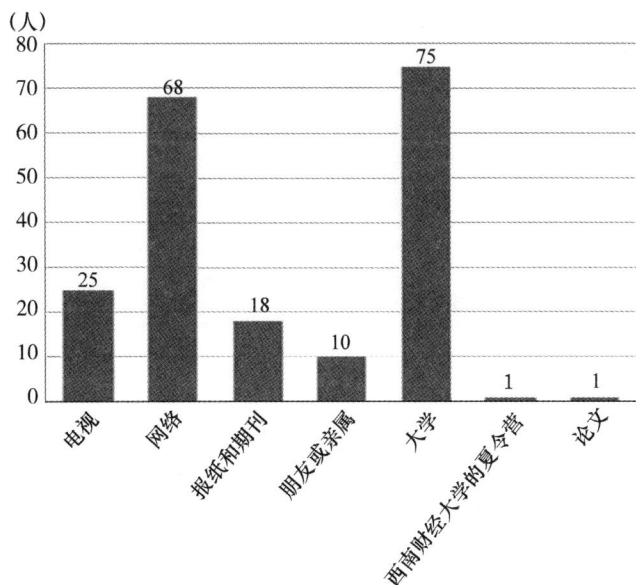

图 2　信息来源

第三个问题有 139 名受访者回答，部分受访者同时选了若干选项。如图 3 所示，大部分受访者认为"一带一路"倡议主要涉及经济活动，例如基础设施建设、经济合作、技术合作等。大约有1/5 的受访者认为"一带一路"倡议还涉及文化（21.6%）和农业（18%）。有不到 1/10 的受访者认为"一带一路"倡议与安全有关（7.9%）、与环境保护有关（2.9%）、与教育有关（3.6%）以及与医疗有关（2.2%）。

第四个涉及外来投资的问题有 438 名学生作答。如图 4 所示，有大约 40% 的受访者明显支持外来投资。超过一半的受访者比较支持（55.3%），仅有 5.3% 的受访者不欢迎外来投资，其中0.7% 的受访者不支持，4.6% 不太支持。很明显，大部分学生支

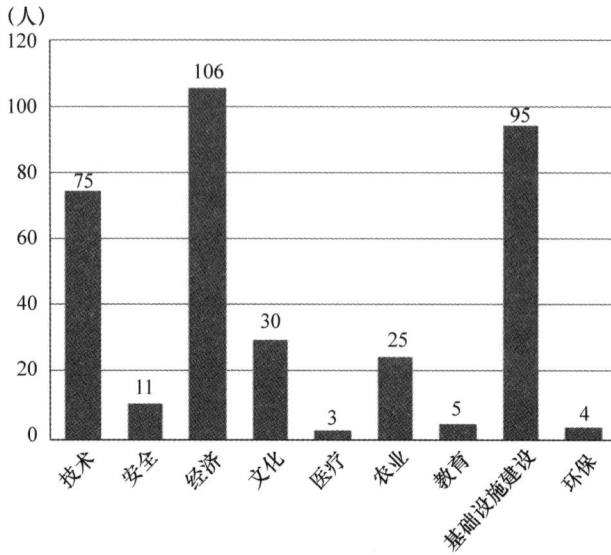

图3　根据你的信息，"一带一路"是一个什么领域的倡议？

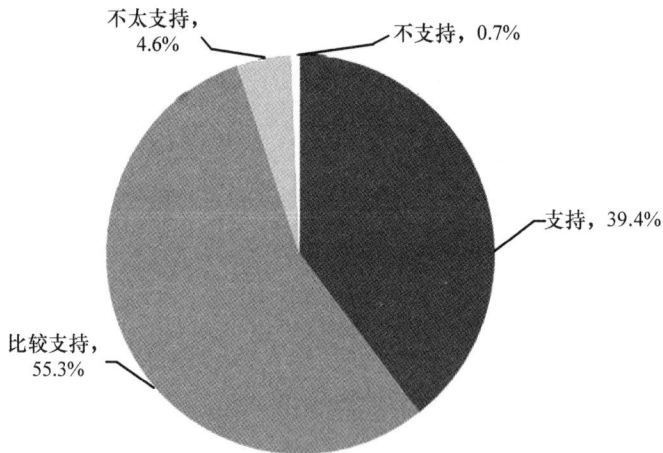

图4　你是否支持斯洛伐克的外来投资？

持在斯洛伐克的外来投资。他们更倾向于市场导向，因为他们认
为斯洛伐克的经济是一个开放的经济。

　　通过对于第四个问题与第五个问题（关于中国投资的问题）

的比较可以发现，受访者对中国投资持有更加怀疑的态度。如图5所示大约有3/4的受访者并不拒绝中国在斯洛伐克的外来投资，其中21.6%的受访者是明确的支持者，52%的受访者表示比较支持。当问题仅仅涉及中国的投资，那么持有怀疑态度的比例增加，占比高于问题四中持有怀疑态度的占比。26.4%的受访者持有消极态度，其中2.3%明确不支持，24.1%不太支持。

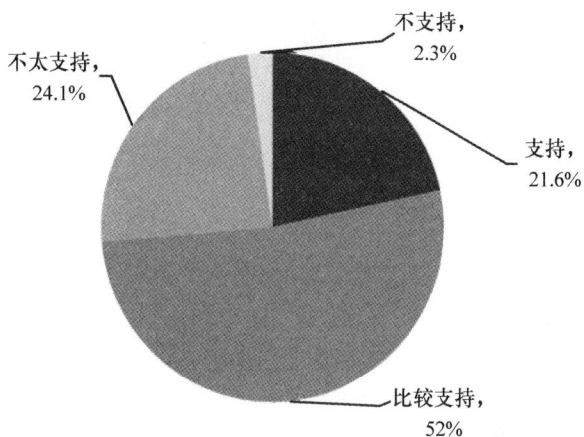

图5　你是否支持中国在斯洛伐克的投资？

问题六、问题七和问题八主要是关于中国在斯洛伐克投资的风险和收益。问题六关于衡量中国投资的收益，S1意味着毫无收益，S5意味着很大收益。我们可以发现，大部分受访者认为中国投资是能够获得收益的（S4和S3的偏多），或者至少不会对投资收益持有怀疑态度（S3）。有1/5的受访者持有怀疑态度（S1，S2）。

问题七和问题八是开放性问题。虽然有8个固定选项，但是受访者能够进行补充。可以发现，中国投资的风险主要是由于驱赶了本土投资者、低质量的商品、依赖性、文化和环境问题。还有

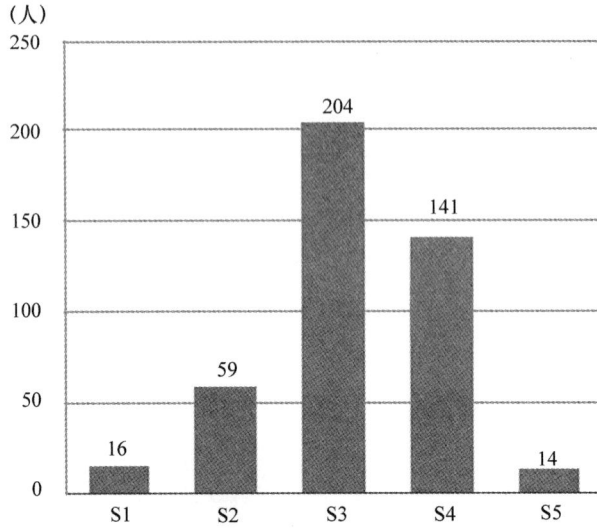

图 6 中国投资的收益如何？

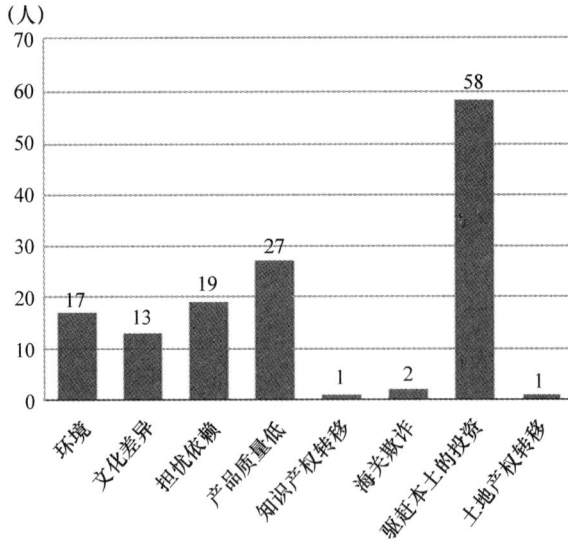

图 7 如果你认为中国投资有风险，那么主要是什么风险？

补充的主要是政治和安全威胁、与美国关系、农业、中国的低工资、降低了西欧来斯的投资以及中国移民等。

根据受访者的结果，中国投资的收益主要是新就业（28.6%）、研发和技术发展（29%）、基础设施的发展（11.5%）、价格的下降（9.1%）、工业发展（10.1%）以及国际合作（8.8%）。受访者也选择了更加强劲的经济、与中国加强关系的可能性、更高的生活水平以及文化政策上合作的可能性。

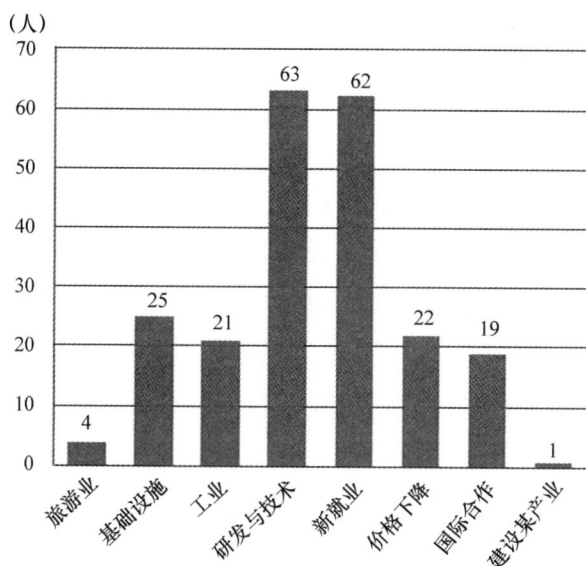

图8　如果中国投资能带来收益，那主要是哪方面的收益？

第二个主要的方面是"16＋1合作"。如图9所示，超过87%的人（437位受访者中382位）听说过"16＋1合作"。仅有4.3%的人没有听说过，8%的人并不确定。如果同问题一相比较，可以发现，更多的受访者听说过"16＋1合作"，而不是"一带一路"倡议（87.7%与60%的积极回应，4.3%与32%的负面回应）。

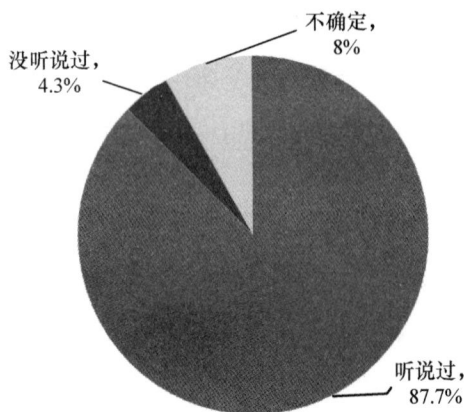

图9 你是否听说过"16＋1合作"?

如图10所示,受访者主要是从大学的演讲(45.8%)中以及网络(37.5%)中获得相关信息的。如图11所示,他们认为"16＋1合作"主要在经济领域(76.2%)、技术领域(52.4%)和基础设施建设领域(38.1%)合作。大约有38%的人认为,在"16＋1合作"主要的目标中,也包括中国与中东欧国家的文化合作发展。

如图12所示,大部分受访者(395位受访者回答了问题十二)支持"16＋1合作",即使这一合作中并没有欧盟参与协调。其中15.4%的受访者是很明确的支持者,63.8%的受访者比较支持。仅有1/5受访者认为如果欧盟没有参与协调,就不支持"16＋1合作",其中2.8%是毫不支持,18%不太支持此类政策。

我们此次问卷调查的目的是加强中东欧对中国投资的兴趣。根据第13、14个问题和图13、图14的数据,这一问卷调查引起了很多学生的兴趣。

原本我们认为,那些访问过中国的学生会被其在中国的经验所影响。不过,从问卷调查的结果可以看出,与我们的期望相反,

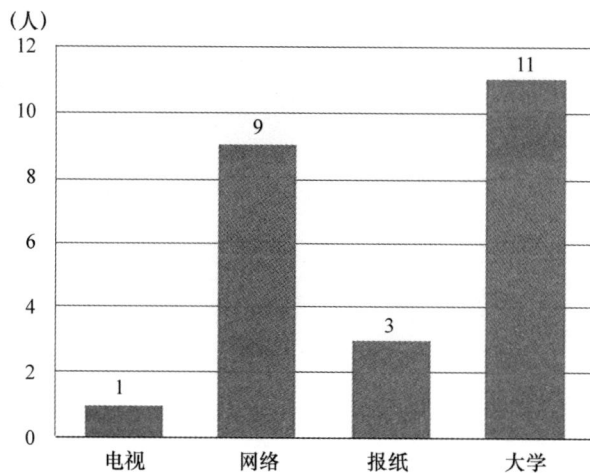

图 10　信息的来源是什么?

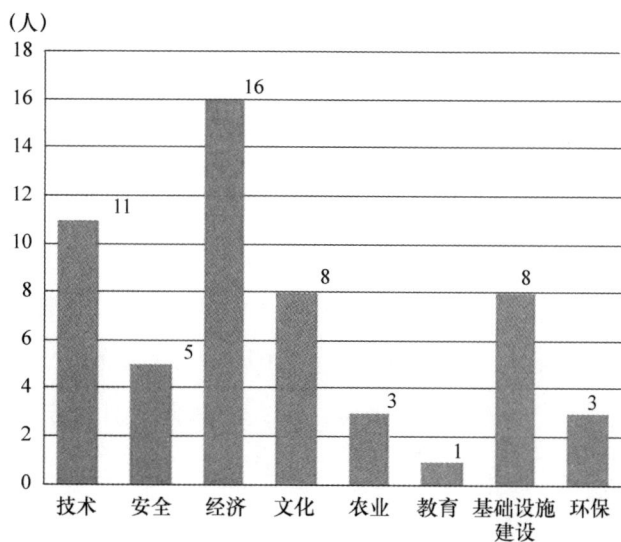

图 11　根据你的信息来源,"16＋1 合作"是

哪方面的合作?

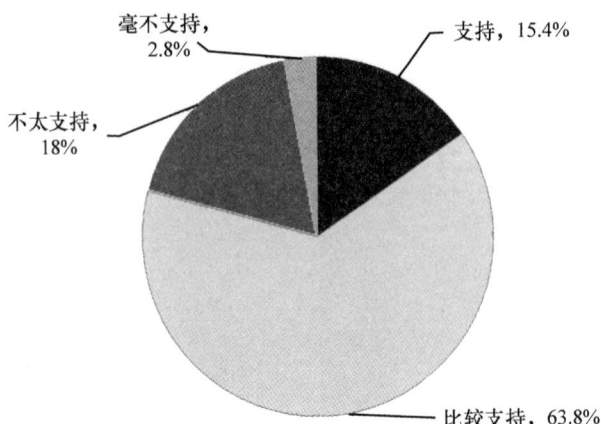

图 12　你如何看待斯洛伐克和其他中东欧国家与中国在"16 + 1 合作"中的发展（即使其中没有欧盟参与协调）？

这些学生并没有展现出更加积极的态度，特别是当问题涉及中国投资可能的风险和收益时。

三　结论

本文的目的是分析 2018 年 9 月在经济大学做的问卷调查结果。大多数学生对"一带一路"倡议和"16 + 1 合作"有着一定的认识，也对两者有着积极的态度。在中国对斯洛伐克投资方面，学生对此有一定的支持。学生认为，最大的风险是中国投资让本土投资者脱离了斯洛伐克市场。收益方面，则主要是带来的新就业机会以及研究和技术的发展。

我们发现，年级越高的学生，越能够从大学获得相关的信息。因此在学术上能够对这两个主题进行较多的分析，这将有助于学生对这些问题的认识和理解。

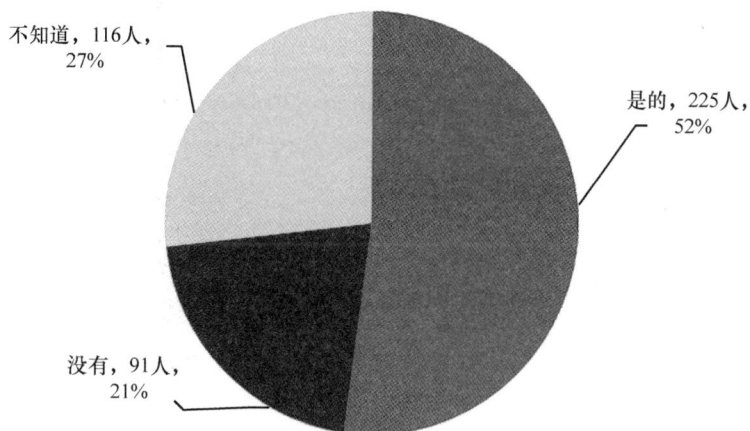

不知道，116人，
27%

是的，225人，
52%

没有，91人，
21%

图 13　这一问卷调查是否引起了你对于中国和中东欧国家

在 "16 + 1 合作" 中投资合作的兴趣？

是的，17人，4%

没有，421人，96%

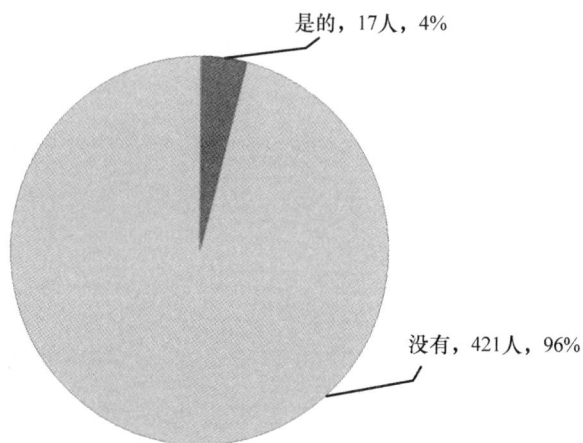

图 14　你是否去过中国？

（马骏驰译）

参考文献

1. Bablione, L. A. (2012). Writing a Research Paper in Political Science. A Practical Guide to Inquiry. Structure and Methods. CQ Press, 2012.

2. De Vaus, D. (2013). Surveys in Social Research (Social Research Today). Routlege, 2013.

3. Drulák, P. a kol. (2008). Jak zkoumat politiku. Portál, Praha, 2008.

4. Fowler, J. F. (2015). Survey Research Methods (Applied Social Research Methods). University of Massachusetts, Boston, 2015.

21世纪中东欧、斯洛伐克与中国在自然资源和环境管理领域的合作

米古拉什·切尔诺塔[*]

摘要：气候变化、社会对自然资源利益的看法、支持基本生活的自然资源短缺以及全球贸易的增加对全球自然资源领域的国际合作构成重大挑战。中东欧地区可以在与中国的共同议程中提供广泛的经验。其中核心的议题已经被确立，如动物疾病的预防和控制、水资源管理、森林和林业保护、废物管理和环境保护。需要应用的机制是建立专业知识中心，例如兽医合作、相互促进的农产品市场准入、循环经济发展、低碳能源转型机制、林业领域的高级别学术会议、绿化工程等。加强技术交流、科学合作和商业网络联系需要加强，以共同应对气候变化影响为共同目标。气候变化的影响不分国界，因此需要创新的解决方案。所有这些活动都应以可持续资源开发理念为框架，中东欧地区内自然条件的多样性可以涵盖与中国相关的众多生态系统。

关键词：自然资源；生态系统；可持续发展；环境和资源管理

---

* 米古拉什·切尔诺塔（Mikuláš Černota），布拉迪斯拉发经济大学国际关系学院，讲师。

一 环境资源管理的多边性与其在中斯合作中的应用

自然资源不分国界，因此解决方案和决策应始终以多边国际对话和共同方法为基础。21 世纪的发展为我们提供了根据世界各地的不同方法制定政策的机会。斯洛伐克的地理位置非常独特，因为斯洛伐克的地理包括喀尔巴阡山脉中从山地森林到高山草原和岩石地形以及沿多瑙河等大河流域的低地，还有典型的动植物群落和洪泛平原。所有这些地貌类型也存在于中国境内。两国在管理此类资源方面都拥有数百年的经验，这为加强合作提供了机会。因为资源是快速变化的，特别是在当前气候变化的时代，这一切都使环境成为双方合作中的一个有效领域。在下文中，笔者尝试以双边或多边观点和实践为基础，解释这些合作主题的性质以及当前和未来的合作模式。我们即将讨论的主题是农业、林业、生物多样性保护、气候变化减缓和适应以及与"一带一路"倡议相关的环境问题。除了这些物理对象之外，还有很多关于资源管理整体概念的讨论，例如可持续发展的概念和新提出的生态文明理念，这些因素都指出了从地方到全球性解决方案的普遍性。中东欧的大多数国家有悠久的自然资源管理历史，多年来自然科学得到了很好的支持。这为从科学领域，通过认证、监管和标准制定到生产、加工、贸易和立法的合作提供了理想的机会。由于地理地貌类型和各自资源的相似性，该领域实际上是一个适用于共同解决方案的领域。

（一）气候变化

气候变化领域成为外交和其他部门在过去几年中讨论最多的

领域之一。由于气候变化正在影响全球各地，因此应通过多边合作处理其减缓或适应的解决方案。中国在《巴黎协定》中提出了适应和减缓的若干目标。斯洛伐克作为欧盟的一部分，由于该专题的紧迫性，也将这一合作列为优先事项。在最近一届的中欧峰会期间，中欧双方的领导人均强调了应对气候变化的重要性并呼吁其他国家加强行动。由于气候变化的灾难性影响，这项工作比以往任何时候都更加紧迫。中欧双方领导人表示将致力于推动执行《巴黎协定》，并全力支持于 2018 年 12 月在波兰卡托维兹举行的联合国气候变化大会（COP24）。在与应对气候变化有关的其他重要问题中，双方的声明中还谈到了促进全球清洁和低碳能源转型，特别是可持续的、可负担的、可靠的且现代的能源服务。[①] 欧盟和中国都重申对《巴黎协定》的高度重视。双方强调其全面有效执行《巴黎协定》的最高级别政治承诺，其中包括减缓、适应、融资、技术开发和转让、能力建设以及行动和援助的透明度。加强行动将为双方提供一种实现经济现代化、提高竞争力和确保增加清洁能源获取的社会经济效益的重要机会。[②] 斯洛伐克由于其独特的地理位置，包含许多不同的地貌类型，可为知识转让、技术以及科学数据交换和教育促进发挥积极作用。中国和斯洛伐克都非常关注气候变化，因此任何区域或国际合作都可能有助于实现限制温度上升以及适应气候变化对人类、生活环境和基础设施影响的共同目标。气候变化作为一个笼统的主题，其主要涉及了能源转型、新交通方式、生物多样性保护、入侵物

---

① UNFCCC (2018)：China, EU Reaffirm Strong Commitment to Paris Agreement, Available online：https：//unfccc. int/news/china-eu-reaffirm-strong-commitment-to-paris-agreement.

② EU COMMISSION (2018)：EU-CHINA LEADERS' STATEMENT ON CLIMATE CHANGE AND CLEAN ENERGY, Availabe online：https：//ec. europa. eu/clima/sites/clima/files/news/20180713_ statement_ en. pdf.

种、污染控制或健康问题等。

(二) 自然资源

无论地理位置或文化如何，自然资源和生物多样性都为合作提供了共同基础。21 世纪的挑战是将生存环境维持在后代可满足其可持续生活需求的状态。欧盟和中国领导人就环境保护和自然资源保护领域的合作表示欢迎，特别是在污染防治、生物多样性保护、CITES 实施和执法、野生动植物贩运、消除非法伐木以及荒漠化和土地退化。欧盟和中国将积极合作，以实现生物多样性的保护。欧盟欢迎中国承诺在 2020 年主办《生物多样性公约》第十五届缔约方大会，这标志着后 2020 年全球生物多样性框架的通过。[①]与气候变化类似，中国与斯洛伐克以及其他中东欧国家可能有进一步合作若干基础。自然保护区、污染预防、防治荒漠化以及执行 CITES 公约、UNCBD 公约或后 2020 年条约等多边环境协定将会是未来几年的挑战。其他议题还将包括以可持续的方式在页岩气、地质学、采矿、空间规划和城市化方面合作，以减少这些活动对环境和气候的影响。参与国可以加强节能环保领域的务实合作，探讨在节能环保方面的政策对话以及在自然与生物多样性保护和应对气候变化方面开展交流与合作的可能性，同时还可以提高公众意识和参与度。公众参与是一项特别重要的活动，因为变革需要来自底层以便能够在生态系统和人们的日常生活中发挥作用。

(三) 农业

根据《中国—中东欧国家合作中期规划》，"16 + 1 合作"的

[①] European Council（2018）：Joint Statement of the 20th EU-China Summit, Available online：http：//www. consilium. europa. eu/media/36165/final-eu-cn-joint-statement-consolidated-text-with-climate-change-clean-energy-annex. pdf.

参与者充分发挥位于索菲亚的中国—中东欧国家农业合作促进联合会的作用，且每年轮流在中国和中东欧国家举办中国—中东欧国家农业经贸合作论坛。① 其中，营养安全、土壤保护、生态农业、灌溉、动物产品是这一联合平台主要的挑战。各方也本着互惠互利的原则，在严格遵守有关法规和标准的前提下，相向而行，加强检验检疫合作，共同促进食品农产品贸易安全发展和快速增长。中国也欢迎符合相关检验检疫法律法规的 16 国食品农产品进入中国市场，致力于加快中东欧国家有关申请的审核过程。各方加强农产品贸易、农业可持续生产、农产品深加工、农村发展和农业科技以及种植业和养殖业等方面合作，鼓励建设农产品基地。② 其中，最重要的议题是在灌溉设施和其他农业基础设施方面以及节水灌溉技术和设备方面的合作。在气候变化的时代，这一主题与未来的粮食安全直接相关。各方还计划加强防洪和水资源管理领域法律法规和政策交流。

（四）林业

各个国家的森林覆盖率随着人类发展的几个世纪而不同。现在的趋势是增加每个地区的森林覆盖率，因此在这个问题上的经验交流非常受欢迎。林业发展被列为未来几年的优先事项之一。"16 + 1 合作"的参与者也将拓展合作渠道，鼓励全方位林业交流，支持建立中国—中东欧国家林业合作协调机制，

---

① Ministry of foreign affairs of the Republic of Latvia (2016): The Medium-Term Agenda for Cooperation between China and Central and Eastern European Countries, Available online: www. mfa. gov. lv/en/policy/multilateral-relations/cooperation-between-central-and-eastern-european-countries-and-china/the-medium-term-agenda-for-cooperation-between-china-and-central-and-eastern-european-countries.

② Ibid. .

定期轮流在中国和中东欧国家举办中国—中东欧国家高级别林业合作会议。①

正如中期规划所议定的内容，森林和林业领域是应对气候变化中的重要主题。林业领域的合作被认为是中国与中东欧国家合作进程中的优先领域之一。各方应利用这种势头来支持学术界以及在从山地、温带到低地生态系统的实际应用。中国国家林业和草原局副局长刘东生曾表示需要加强中国与16国的林业合作，为科研院校和企业搭建合作平台。塞尔维亚环保部部长表示在防止气候变化的影响方面，林业是一个可能会解决所有问题的方案，并敦促参与者为这些国家制订联合造林计划。最后各方还见证了中国—中东欧国家林业合作协调机制中英文网站的正式开通。② 刘东生还提及了森林旅游和药用森林旅游，这些都可作为有前途的且需要合作的部门。他还总结道，中国支持在世界范围内建立"智能森林"，旨在提高森林管理和动植物保护的效率。③

这一合作还计划在大学和研究机构的层面上开展合作，以鼓励学者和研究人员的交流。它提供了非常有效的信息交流方式以及进一步合作的网络。在新气候因素造成的森林枯竭、对退化土壤的植树造林、野生动植物管理、水资源改良、生物多样性保护以

---

① Ministry of foreign affairs of the Republic of Latvia (2016): The Medium-Term Agenda for Cooperation between China and Central and Eastern European Countries, Available online: www. mfa. gov. lv/en/policy/multilateral-relations/cooperation-between-central-and-eastern-european-countries-and-china/the-medium-term-agenda-for-cooperation-between-china-and-central-and-eastern-european-countries.

② B92. net (2018): China and CEE Countries in Forestry Cooperation Meeting, Available online: https://www. b92. net/eng/news/politics. php? yyyy = 2018&mm = 05&dd = 15&nav_ id = 104157.

③ XINHUA (2018): China, CEE Countries to Deepen Cooperation in Forestry, Available online: www. chinadaily. com. cn/a/201805/15/WS5afa4274a3103f6866ee869e_ 1. html.

及国家公园治理等所有这些专业领域中，斯洛伐克以及其他中东欧国家的专家都十分愿意进行交流。例如斯洛伐克是自然保护区占比最高的国家之一。因此斯洛伐克在旅游、环境保护、地方利益等方面，对于如何充分利用各种优势有着丰富的经验。这些经验是互利的，例如如何处理越来越多的国家公园游客等问题。这是在每个国家都逐渐变得重要的话题。如今城市人口占农村人口的比例越来越大，这一问题也越来越迫切。另一个重要的话题是甲虫侵袭和野火造成的森林枯萎。这为各方提供了另一个共同点，因为中国、斯洛伐克和中东欧其他国家均拥有因夏季过热和甲虫过多而受到威胁的广阔森林。对抗和预防的措施是基于最新的科学成果，因为这些均是新问题，而一个国家无法应对影响全球的挑战。由于生态系统的性质不断变化，科学家同意每两年举行一次峰会是有益的。

为了完成自然资源管理的循环，还应关注木材加工业。这需要对中东欧国家和中国的木材加工业进行考察。如果一国的森林覆盖率为30%，据称这足以开发木材加工和造纸业。在 21 世纪，由于全球贸易和木材运输物流更加便利，情况完全不同了。木材加工包含各种商业机会，从家具到木屋，从卫生用品到高质量的光面纸等。相关的考察需要关注技术转让、产品周期的新设计、商业模式研究以及经济合作。

生态文化、传统空间利用和社会文化特征等，都是对资源管理的整体理解能够产生重要影响的因素。在中国历史中，人类被理解为自然的一部分，而在欧洲历史中，情况并非总是如此。人类被当作自然的主人并且使用技术掌握自然的活动被认为是正确的。因此这一方面存在一个相互学习的空间，特别是个人在自然方面的作用以及治理和生态设计系统。

绿色经济作为设计基础设施和流程的新范式，被认为是每个行业在概念上值得探索的有效问题。林业、木材、纸浆和造纸业被认为是所有绿色倡议的主要领域，因为其原材料直接由可持续的森林自然资源供应。考虑到本土环境的特殊性，各方应关注种植生长速度快的品种或转基因等种植树木的新方法。

（五）循环经济

向更加循环的经济迈进的趋势对于实现欧盟 2020 年战略中确立的智能、可持续和包容性增长的资源效率议题以及其他相关文件提及的鼓励向低碳经济过渡都至关重要。资源效率的提高和持续改进是可以实现的并且可以带来重大的经济效益。循环经济系统尽可能地保持产品的附加值并消除浪费现象。当产品达到其使用寿命时，它们将资源保持在经济之中，从而可以一次又一次地有效地使用它们，进而创造更多价值。向更加循环的经济过渡需要在整个价值链中进行变革，从产品设计到新的业务和市场模式，从将废物转化为资源的新方式转变到新的消费者行为模式等等。现有的基础设施、商业模式和技术以及既定的行为使经济体"锁定"在线性模型中。企业可能缺乏转向循环经济解决方案的信息、信心和能力。[①] 在第 20 届中欧峰会上欧盟委员会副主席卡泰宁和中国国家发展和改革委员会主任何立峰签署了《关于循环经济合作的谅解备忘录》。双方致力于使世界上两个最大的经济体在关键的循环经济机制方面保持同步，为产品标准和政策的制定铺平道

---

① EU COMMISSION (2014)：COMMUNICATION FROM THE COMMISSION TO THE EU-ROPEAN PARLIAMENT, THE COUNCIL, THE EUROPEAN ECONOMIC AND SOCIAL COMMIT-TEE AND THE COMMITTEE OF THE REGIONS Towards a Circular Economy：A Zero Waste Pro-gramme for Europe, Available online：https：//eur-lex. europa. eu/legal-content/EN/TXT/？uri = CELEX：52014DC0398R%2801%29.

路，为在全球范围内转向低碳再生经济的"系统转换"创造条件。[①] 由于 16 国中有若干是欧盟成员国，这些国家的政策与欧盟的战略和政策是一致的。循环经济代表着一种模式，其重点是减少已经使用的产品和材料的浪费，关注再利用、维修和回收。

合作还可以涵盖那些共同感兴趣的领域中的各类战略、立法、政策和科研。这将涉及管理系统和政策工具，如生态设计、生态标签、扩大生产者责任和绿色供应链以及循环经济融资等方面。各方将在工业园区、化工、塑料和废物等关键领域进行交流。这一方面的挑战在于将所有部门的系统化进程转变为循环模式，由此带来许多好处，例如交通、空气清洁、商品和服务的可负担性以及降低对环境的影响等。各方还可以采取现代化的措施。例如，中国推出了"蓝天 2018"，这是一项关于海关打击非法走私外国废物的行动，一直持续到 12 月。这与中国 2013 年的"绿色围栏"行动和 2017 年的"绿剑行动"类似。欧盟的立法中也包括了关键的回收目标。欧盟成员国到 2025 年必须达到 55% 的市政回收率，到 2030 年达到 60%，到 2035 年达到 65%。还有许多针对具体材料的目标，成员国要在 2025 年 1 月 1 日前必须对家庭纺织废物和有害废物分类收集。[②]

循环经济领域的其他活动包括交通运输，这是应对气候变化、减少空气污染以及低碳过渡中最重要的问题。这一合作可以基于中欧互联互通平台。在中欧互联互通平台第三次主席会议期间，

---

① GETHIN, R. (2018): China and EU Sign Memorandum of Understanding on Circular Economy. Available online: https://resource.co/article/china-and-eu-sign-memorandum-understanding-circular-economy-12744.

② GETHIN, R. (2018): China and EU Sign Memorandum of Understanding on Circular Economy. Available online: https://resource.co/article/china-and-eu-sign-memorandum-understanding-circular-economy-12744.

双方在各自的政策优先事项、可持续性、市场规则和国际协调的基础上重申了对交通运输的关注。各方主要关注"一带一路"倡议和泛欧交通运输网络的政策协调；在国际民用航空组织（ICAO）和国际海事组织（IMO）等国际论坛中关于运输脱碳和数字化的合作；基于可持续性标准、透明度和公平竞争的投资项目合作，以促进中欧间的交通投资。① 这进一步适用于"一带一路"倡议，因为交通是整个"一带一路"的核心，用以增加各个贸易枢纽的覆盖范围。

（六）可持续资源管理的创新机制

现代资源管理需要创新方法，以使经济发展与社会需求保持一致。2017 年 11 月，欧盟代表团在北京与中国共同启动了"自然资本核算和生态系统服务估价"项目（Natural Capital Accounting and Valuation of Ecosystem Services）。项目中还包括其他合作伙伴：巴西、印度、南非和墨西哥。由联合国统计司（United Nations Statistics Division）和联合国环境署生物多样性公约秘书处（UN Environment and the Secretariat of the Convention on Biological Diversity）执行。欧盟和中国的经济繁荣得益于其自然资本，即其生物多样性，这其中包括提供基本商品和服务的生态系统，从肥沃的土壤和多功能森林到生产性土地和海洋，从优质淡水和清洁空气到授粉，还包括气候调节和防治自然灾害，等等。这一项目将加深双方在环境政策方面的合作，其主要目标是在数据驱动的决策和政策制定中将自然资本核算和生态系统服务评估纳入关注范围，以便影响国家、区域和地方一级的政策制定者。生态系统商品和服务的

---

① European Commission (2018)：EU-China Summit：Deepening the Strategic Global Partnership, Available online：http：//europa. eu/rapid/press-release_ IP-18 – 4521_ en. htm.

货币价值对于内部化经济决策过程尤为重要，而且也能够在商品和服务的生产阶段"标注价格"。[①] 这一评估项目有很长的历史，但在其他地方的应用非常薄弱，因此这项工作对未来的自然资源治理模式至关重要。最近采用的一些方法，如预防原则或污染者付费原则等主要还是出现于政策层面。将自然资本纳入环境政策的主流范围将有助于保护和利用那些大城市周围的森林、河流流域或沿海地区。这些方案是目前自然资源决策中最先进的方案。斯洛伐克和中国可以主要通过学术交流经验以及国家公园、湖泊或灾害风险天然缓冲区等案例研究促进这方面发展。

二　"一带一路"倡议的环境领域问题

斯洛伐克作为联合国粮食及农业组织的成员之一，参与了全世界农业、林业、粮食相关额各种项目。此类合作的基础是目的地国家的各类专家以及各类专题委员会或融资机构的顾问。2018 年 4 月，粮农组织总干事何塞·格拉齐亚诺·达席尔瓦（José Graziano da Silva）表示，中国提出的"一带一路"倡议与粮农组织有着共同的目标。联合国在该框架下与中国合作的机会很多。

已经确定了四个具体的可以共同工作的技术领域，即一个包容性和可持续的粮食体系开发；通过数字农业带来创新；加强对跨界动植物病害的控制以及保护生物多样性和提高对气候变化的抵御能力。他还曾表示，"一带一路"倡议带来的国际农产品贸易增加，也增加了各国之间传播动植物疾病的风险。粮农组织在该领

---

① Delegation of the EU to China (2017)：EU and China Deepen Collaboration on Environmental Policies and Natural Capital Accounting, Available online：https：//eeas. europa. eu/delegations/china/35110/eu-and-china-deepen-collaboration-environmental-policies-and-natural-capital-accounting_ en.

域拥有广泛的全球经验，确保扩大的贸易以安全的方式进行，不会对脆弱的农民构成威胁，也不会对消费者构成健康威胁。关于气候变化问题，他表示许多参与"一带一路"倡议的国家，特别是东南亚和中亚的国家，是最容易受到气候变化影响的国家。比较穷的国家通常是最脆弱的国家。达席尔瓦认为，在粮农组织与中国的合作计划中提议的气候变化问题，与其他问题之间存在高度互补性。① 此类合作意味着为多边和双边项目提供了更多机会，因为"一带一路"倡议以及气候变化适应或疾病跨界监测所涉及的区域是相同的。

　　"一带一路"倡议将影响相关地区的经济和环境发展。干预措施的跨部门性质的优势应该被用于影响资源状况，如升级农业技术、加大生物多样性保护以及适应气候变化或水资源管理。"16 + 1 合作"可以在中东欧国家或发展中国家等地区开辟新的合作大门。这一合作可以作为"发展援助与经济投资和协商的混合模式"的一部分。参与国的不同情况为讨论和共同发展提供了空间。② 不过在以下方面依旧存在一定的挑战，即绿色技术的应用、低碳转型以及那些通过与私营部门、非政府组织和学术界合作，根据可持续发展和生态文明的概念从高污染煤电厂开始的转型仍然面临挑战。

　　根据萨克斯的研究，"一带一路"沿线国家合起来的体量是中国的三倍，人均收入和排放量约为中国的一半，但在 20 年后这些

---

① XINHUA，Zhang Yongxing（2018）：Interview：Belt and Road Initiative Provides Opportunities for FAO to Collaborate with China，Says FAO chief. Available online：http：//www. xinhuanet. com/english/2018 – 04/15/c_ 137112893. htm.

② FENG HAO（2017）：Interview：Europe and China to Raise Global Climate Ambitions. Available online：https：//www. chinadialogue. net/article/show/single/en/10196-Interview-Europe-and-China-to-raise-global-climate-ambitions.

国家的收入和排放量将与中国一样。他还指出"一带一路"倡议这一大型项目是否会考虑到环境可持续性的问题会被铭记。他表示如果建立一种更多以化石燃料为基础或以物质为基础的经济，那么它将作为一场灾难而被载入史册。然而如果它是 21 世纪基础设施、清洁交通、零碳能源和智能互联网络的先驱，那么它不仅将创造历史，还将确保可持续发展的未来。① 联合国环境署（United Nations Environment Program）执行主任埃里克·索尔海姆（Erik Solheim）表示，经济繁荣和环境福祉是可以被同时实现的。他特别提到了中国支持的蒙巴萨—内罗毕铁路。该铁路通过很多旁路确保了内罗毕国家公园野生动物的栖息地。② 这些案例可以在其他地方复制。因此在铁路、机场和高速公路等类似的基础设施投资中应进一步推广这种良好的做法。

三　结论

与可持续发展一样，生态文明是一种灵活的、不断发展的概念。③ 自然的多样性带来了经济发展和社会对生态系统服务的期望。可持续发展的理念将生态、经济和社会纳入一个功能系统之中。在"一带一路"沿线上寻求绿色投资可能会改变传统的行为模式，并将生产或消费过程推向更高水平的可持续性，用以符合

---

① GOH SUI NOI（2018）：Belt and Road Plan Could Ease Climate Change：Experts. Available online：https：//www. straitstimes. com/asia/east-asia/belt-and-road-plan-could-ease-climate-change-experts.

② Yiming, G. （2017）：Beijing Charts a Green Footprint along the Belt and Road, China. org. cn. Available online：www. china. org. cn/world/2017 05/15/content_ 40818267. htm.

③ LOH C. H. , （2018）：Green Policies in Focus as China's Rise to an Ecological Civilisation Continues Apace. Available online：https：//www. scmp. com/comment/insight-opinion/article/2114748/green-policies-focus-chinas-rise-ecological-civilisation.

循环经济和低碳摄入的标准。区域层面的措施至关重要，而且基层倡议也将在发现机会方面发挥关键作用。这就是为什么中国和斯洛伐克地区在"16＋1合作"中可以在健康、社会福祉和本地自然资源与产品生命周期解决方案等方面带来立竿见影的合作效果。

自然资源的特征与长期生产（森林）、跨界程度（河流）、高度脆弱性（山区动植物群）、文化的重要性（文学、绘画）、生命支持功能（传粉媒介、氧气生产）和经济效用（药材、娱乐、旅游、木材）有关。具有如此多功能的商品和服务解决方案通常是复杂的，因此需要深入的科学支持、国际合作和即时监控。斯洛伐克将这一领域作为一个传统的合作领域。斯洛伐克与中国在"16＋1"框架内的合作可以为国家资源的管理带来好处，并有助于全球适应关键的环境变化。如前所述，自然资源的跨界性质不能独立解决，而是应当采用共同负责任的方法，因为水、空气和生物在各国的各个地区自由流动，但不同的是当地社会的社会经济期望和文化传统。

可持续性，作为1992年里约地球峰会后广泛使用的"终端技术"和范例正在接受检验，因为当前的环境危机对后代构成了巨大的挑战。在中国，新晋提出的"生态文明"这一术语即将在欧洲首先由学术界进行讨论，以便理解这一概念，然后在社会和资源管理中应用于各类案例。通过这种方式，合作可以丰富知识库以及自然资源的实际解决方案。

（马骏驰译）

参考文献

1. B92. net（2018）：China and CEE Countries in Forestry Cooperation Meeting. Available online：https：//www. b92. net/eng/news/politics. php? yyyy＝2018&mm

= 05&dd = 15&nav_ id = 104157.

2. Delegation of the EU to China（2017）：EU and China Deepen Collaboration on Environmental Policies and Natural Capital Accounting. Available online：https：// eeas. europa. eu/delegations/china/35110/eu-and-china-deepen-collaboration-environ-mental-policies-and-natural-capital-accounting_ en.

3. EU COMMISSION（2014）：COMMUNICATION FROM THE COMMISSION TO THE EUROPEAN PARLIAMENT，THE COUNCIL，THE EUROPEAN ECONOMIC AND SOCIAL COMMITTEE AND THE COMMITTEE OF THE REGIONS Towards a Circular Economy：A Zero Waste Programme for Europe. Available online：https：//eur-lex. europa. eu/legal-content/EN/TXT/？uri = CELEX：52014DC0398R%2801%29.

4. EU COMMISSION（2018）：EU-CHINA LEADERS' STATEMENT ON CLI-MATE CHANGE AND CLEAN ENERGY. Availabe online：https：//ec. europa. eu/cli-ma/sites/clima/files/news/20180713_ statement_ en. pdf.

5. European Commission（2018）：EU-China Summit：Deepening the Strategic Global Partnership. Available online：http：//europa. eu/rapid/press-release_ IP-18 - 4521_ en. htm.

6. European Council（2018）：Joint Statement of the 20th EU-China Summit. Available online：http：//www. consilium. europa. eu/media/36165/final-eu-cn-joint-statement-consolidated-text-with-climate-change-clean-energy-annex. pdf.

7. FENG HAO（2017）：Interview：Europe and China to Raise Global Climate Am-bitions. Available online：https：//www. chinadialogue. net/article/show/single/en/ 10196-Interview-Europe-and-Cina-to-raise-global-climate-ambitions.

8、9. GETHIN，R.（2018）：China and EU Sign Memorandum of Understanding on Circular Economy. Available online：https：//resource. co/article/china-and-eu-sign-memorandum-understanding-circular-economy-12744.

10. GOH SUI NOI（2018）：Belt and Road Plan Could Ease Climate Change：Ex-perts. Available online：https：//www. straitstimes. com/asia/east-asia/belt-and-road-plan-could-ease-climate-change-experts.

11. LOH C. H. ，（2018）：Green Policies in Focus as China's Rise to an Ecological

Civilisation Continues Apace. Available online: https://www.scmp.com/comment/insight-opinion/article/2114748/green-policies-focus-chinas-rise-ecological-civilisation.

12、13、14. Ministry of foreign affairs of the Republic of Latvia (2016): The Medium-Term Agenda for Cooperation between China and Central and Eastern European Countries. Available online: www.mfa.gov.lv/en/policy/multilateral-relations/cooperation-between-central-and-eastern-european-countries-and-china/the-medium-term-agenda-for-cooperation-between-china-and-central-and-eastern-european-countries.

15. UNFCCC (2018): China, EU Reaffirm Strong Commitment to Paris Agreement. Available online: https://unfccc.int/news/china-eu-reaffirm-strong-commitment-to-paris-agreement.

16. XINHUA (2018): China, CEE Countries to Deepen Cooperation in Forestry. Available online: www.chinadaily.com.cn/a/201805/15/WS5afa4274a3103f6866ee869e_1.html.

17. XINHUA, Zhang Yongxing (2018): Interview: Belt and Road Initiative Provides Opportunities for FAO to Collaborate with China, Says FAO Chief. Available online: http://www.xinhuanet.com/english/2018-04/15/c_137112893.htm.

18. Yiming, G. (2017): Beijing Charts a Green Footprint along the Belt and Road, China.org.cn. Available online: www.china.org.cn/world/201705/15/content_40818267.htm.

苏格拉底与孔子：古代圣贤的跨文化范式
——中欧共同的文化遗产

弗朗提赛克·什克尔达　尤拉伊·安德里阿什[*]

摘要： 本文分析比较了两位古代文化的代表人物和哲学思想的奠基人，苏格拉底（公元前469—公元前399年）与孔子（公元前551—公元前479）。本研究定义了这两位哲学家的共同特征，并解释了他们关于人类生活和社会最重要的观点。主要目的是通过比较找出中欧文化及其社会价值观之间的历史对话是否存在一个共同平台。本研究共分为五个部分。在第一部分中，我们仔细考察了关于苏格拉底和孔子思想最早的文献。第二部分比较了苏格拉底和孔子的宗教思想和实践。第三部分考察了他们对人类知识的态度和对世界基本结构的形而上学预设。第四、第五部分是对他们政治伦理观的比较分析。

关键词： 哲学；苏格拉底；孔子；道德；智慧

---

[*] 弗朗提赛克·什克尔达（František Škvrnda）、尤拉伊·安德里阿什（Juraj Ondriaš），两位作者皆是布拉迪斯拉发经济大学国际关系学院讲师。

一　前言

世界上的每一种文化和文明都由其艺术表现形式定义。一方面，有更多的手工艺类的手工艺品，这是考古学的对象；另一方面，我们可以探索书面文学或口头传统的神话和社会知识。这是人文学科的传统领域，其中哲学和历史是最为突出的学科。

近年来，在斯洛伐克学术领域，中国哲学与其相对应的欧洲哲学（主要是从社会政治哲学和本体论的角度）的比较研究得到了坚实的发展，这其中斯洛伐克和中国的作家都有所贡献。本文试图在比较历史哲学方法的基础上，遵循这一传统，并引入新的研究方法。我们选择比较欧洲哲学传统和中国哲学传统的两位奠基人——苏格拉底和孔子。

欧洲和中国有着非常复杂的文化关系史。21世纪的今天开启了所谓"一带一路"的新时代，这象征性地让我们想起了被称为"丝绸之路"的古老文化现象。

因此，我们选择这一主题就是为了进一步发展这种合并"老"和"新"，"国内"和"外国"的象征意义。此外，似乎从能够确定的我们文化的所有艺术表现中，哲学是两国之间跨文化对话的一个基本和关键出发点，因为它体现了整个社会结构、价值观念和政治。我们认为，将古希腊和中国圣贤进行比较，可以为这种跨文化对话、相互尊重和宽容地接受贸易伙伴提供一个合适的介绍性平台，这对于构建和平的多极全球化世界政策是必要的。

二　苏格拉底（公元前469—公元前399）和孔子（公元前551—公元前479）——述而不作？

我们的比较研究始于文学史，尤其是考据学。一方面，据说苏格拉底和孔子写过一些短篇论述——前者创作了关于阿波罗的赞美诗和被改成韵文的伊索寓言，而后者则编订了传统儒家的"五经"（《诗经》《尚书》《礼记》《周易》《春秋》）。然而，苏格拉底寓言或赞美诗并没有保留到现代，很可能它们从未存在过。另一方面，整个儒家语料库在其长期存在的过程中被重写了很多次，以至于几乎不可能辨认出孔子本人所写的原始段落，如果这些原始段落曾经存在过的话。

我们所掌握的是这些圣贤思想的第二手或第三手证据，这些证据是由他们的学生写下来的。对苏格拉底来说，我们仍然有现存的柏拉图和色诺芬的文本，以及无数来自其他不太出名的学生的片段。而孔子的教学则被记载于《论语》中，其中记录了孔子的对话。《论语》是孔子众多弟子的集体作品，这些学生即使没有上千人，也有上百人。除了《礼记》中的《大学》一章被传统地认为是孔子的著作外，其他文献是由孔子编纂和修订的，其核心思想起源于商朝（公元前1600—公元前1046）和周朝（公元前1046—公元前256）。

苏格拉底和孔子因此是述而不作，是代表了更广泛的思想传统的重要人物，甚至是代表了他们整个民族思想文化的重要人物。出于现实考虑，我们将主要针对柏拉图的文本和儒家的《论语》进行比较分析。

三　人性与神性

两位圣贤都涉足传统宗教是一个惊人的巧合。苏格拉底和孔子都是伟大的宗教改革者，提倡古老的行为方式，因此是文化保守主义的。苏格拉底代表德尔菲神谕和阿波罗行事，孔子则是恪守周朝的宗教习俗。

苏格拉底和孔子被自己的同辈视为圣人，因为他们意识到自己内在的神圣潜力，成为圣人般的人物。阿波罗赋予苏格拉底真正的智慧，他并不担心即将到来的死亡，因为他在上帝手中，他知道这一点（柏拉图，《申辩篇》）。同样的模式也可以在孔子的态度中看到，在一则逸事中，他面对一个危险的暴君说："上天把这种美德赋予我，桓魋他能把我怎么样？（天生德于予，桓魋其如予何?）"（《论语》）

他们自我评价如此之高的原因在于他们对人性的真实本质及其在宇宙中的地位的认识论和形而上学假设。在苏格拉底著名的审判中，他表示相信传统的神也相信诸神之子，其中一个是经常与他相感应的精灵（daimonion）。然而，苏格拉底从未讨论过神的本质（参考柏拉图的《申辩篇》），他只是预设了神的存在和仁慈。再对比孔子，孔子表达了对"山川（之神）"的信念（《论语》），但又表明人应该与神保持距离（"敬鬼神而远之"）（《论语》）孔子从不谈论神或天道（《论语》）。

苏格拉底著名的知识就是他知道他一无所知；阿波罗要他过一种公共的生活——不停地询问别人（柏拉图，《申辩篇》）。但孔子是一样的。当孔子进入太庙时，他每件事都要询问。他的询问显得他如此笨拙，以至于太庙里的人们开始怀疑他对礼的理解，但他只是回答："询问是礼的一部分（是礼也）。"（《论语》）孔子否认自己有一些特殊的知识。（"吾有知乎哉？无知也。有鄙夫问于我，空空如也。我叩其两端而竭焉。"《论语》），他只是一个真诚的爱学习的人，和他的弟子们一起参加考试，追求美德。《论语》中的其他段落也体现了知识分子的谦虚：孔子不敢说，包括他自己在内有人曾经达到了人类的最高美德（《论语》）。

神圣的沉默（Heilige Schwiegen）这一特点源于对区分人与神的二元论认识论的信仰。神性永远是恩泽和帮助的源泉，完美无瑕；而人性则是一切卑鄙、邪恶和不完美的根源。人性提出问题，神性给出答案。我们的圣贤都是人类的典范，他们充分认识到自己的人性本质。这一特点在苏格拉底以寓言的方式解释荷马和古代诗人时最为明显——他们受到神的启发，他们的作品包含必须揭示的神圣真理。诗经的讽喻手法也是孔子应用于《论语》的方法。

四　道德与政治

最后，这种宗教态度并不是对某些偶像崇拜的表达，而是对自然秩序及其所有生命形式的表达，包括被认为是这一秩序一部分的人类文化。这种信仰不需要任何一个建立的教会，因为它最终是关心自己的。荷马或五经不是《圣经》或《古兰经》。它们不包含祷告或正统表现的明确命令。它们充满了神秘的象征意义和普通的民间故事，包含了许多积极和消极的社会价值观的参考。

在儒家思想，我们找到的所谓的"五常"（知、礼、信、仁、义），也与苏格拉底的哲学相关。圣人从神那里获得知识，或者通过一些超理性的符号，或者通过对神圣文本的寓言。这一知识使他能够以虔诚的方式关心神，从而起到一种超自然的保护作用，抵御各种形式的灾难或不幸。圣人的头脑总是平衡的，他从不屈服于愤怒，也不会有任何身体上的欲望，这意味着他是正直（信）的。

我们将进一步研究信（integrity）的概念。我们在《论语》中只看到过一次：崔子刺杀齐国的君主。陈文子拥有十乘马车，却将它们留在了那个国家。当他到另一个国家时，他说，这里的人们不比我们的高级官员崔子好，并离开了那个国家。又到了一个国家，他说，和我们的高级官员崔子差不多，也离开了那个国家。你怎么评价他？孔子说，他是一个正直（integrity）的人。（"崔子弑齐君。陈文子有马十乘，弃而违之。至于他邦，则曰：'犹吾大夫崔子也。'违之。之一邦，则又曰：'犹吾大夫崔子也。'违之。何如？"子曰："清矣。"）在这里，正直（信）与对正义坚定不移的态度是联系在一起的——陈文子逃离了所有不公正和暴力统治的地方。重要的细节在于他愿意放弃他所有的物质财富。仔细观察《论语》，我们会发现孔子和他的弟子们都是外表上的苦行僧。颜回忍耐着"一箪食，一瓢饮，在陋巷"，而这不会影响他的幸福（《论语》）。一个忠实的孔子门徒的美德是"衣敝缊袍，与衣狐貉者立，而不耻"（《论语》）。

浮夸的贫穷（ostentative poverty）是苏格拉底生活方式的基本特性之一——苏格拉底和他的门徒总是光着脚走路，穿着破旧的袍子（柏拉图，《会饮篇》）。他们住在简朴的房子里，忍受着恶劣的天气，只吃一点点，避免各种形式的暴饮暴食。正直（信）的美德是非常相似的苏格拉底式的传统思想和儒家思想——这是一个人言行的统一，在希腊被称为理性（logos）和劳作（ergos）之间的统一。在孔子的话中——见义不为是无勇；美德不须多言（《论语》）。因此，苦行主义的背后是一种特殊的政治教育，而这种教育的最高目的是对高尚的社会行为的占有。

由信而来的仁（benevolence or humaneness），被明确地定义为"美好的共同体（里仁为美）"（《论语》）。智者称赞这是人可以获得的最大价值。它的表现之一就是能够真正爱别人，同时也恨别人（唯仁者，能好人，能恶人。《论语》）。乍一看，这个悖论可能对我们来说很奇怪，但是与苏格拉底的比较可以帮助我们理解这个关于人性的矛盾的定义。苏格拉底的一个主要美德就是博爱——苏格拉底爱他的同胞，尽管他总是责难他们，甚至认为他们具有奴性（色诺芬，《回忆苏格拉底》）。这是一个哲学家老师最重要的作用：引导他人意识到自己的错误，这样他们就能消除错误，成为有道德的人。爱体现在老师对人们精神和道德幸福的不断追求。而恨则集中于对人们的恶习和无知上。用一位当代学者的话来说，儒家思想中的仁（humaneness）"有时可能意味着，必须根据情况严厉对待人们并限制他们的权利"。因此，毫无限制的自由主义不仅与最古老的欧洲知识分子传统格格不入，也与中国的知识分子传统格格不入。从哲学意义上讲，博爱似乎更像是一种建立在等级和权威基础上的关系，就像父母和孩子之间的关系。这种对绝对自由主义形式的怀疑，在中国思想中一直保留了下来，今天又开始在西方再次显现出来。这是由于过去30年的新自由主义政策未能解决西方乃至整个人类的经济和社会政策。转折点出现在2008年的国际金融危机，这场危机演变成了一场旷日持久的经济衰退和欧盟债务危机。这些危机的后果之一是产生了新的政府类型，它们摒弃了过去几十年的自由主义思潮，转而采取一种更加社群主义的治理方式，尤其是在中东欧地区。匈牙利、波兰和塞尔维亚通常被认为是这股新浪潮的风向标。这种趋势引起了西方自由主义精英的担忧，他们将这些政府称为基于民粹主义政治的非自由的民主国家（illiberal democracies）。

最后一个比较的美德是正义（义）。孔子和苏格拉底在现实政治中也有着相似的命运。当被别人问他为什么不从政，孔子回答说："孝乎！惟孝，友于兄弟，施于有政。"（《论语》）孝顺仅仅意味着"永远都不违反礼"（无违）（《论语》）。重要的是要注意，如果孔子劝告别人遵循仪式和规范的行为，他实际上是告诫别人尊重整个社会及其等级制度。与苏格拉底的相似之处再次引人注目——苏格拉底也不是一个活跃的政治家，但他通过关心他的同胞的灵魂而对政府有所贡献（柏拉图，《高尔吉亚篇》）。他如此坚定地遵守国家的法律，甚至在被不公正地判处死刑时，他也拒绝违反法律逃离城市（柏拉图，《克力同篇》）。根据他们的宗教信仰，这并不奇怪——神的意愿首要的表现就是将法律作为维系社会的纽带，从而防止无政府状态。

圣人的政治角色是给国王或政治家提出建议，唤醒他们对美德的热爱。这是通过上述的对话活动实现的——政治家们必须明白，利己主义和个人主义行为只会导致犯罪行为。首要的知识是一句古老的谚语，它归根于西诺卜的第欧根尼和苏格拉底：他是最接近神的，而神的需要是最少的（第欧根尼·拉尔修，《名哲言行录》）。统治的原则就是孝顺。

对苏格拉底来说，完美统治者的概念与孔子的基本相同：它是通过无为来统治。在《理想国》中，柏拉图笔下的苏格拉底认为，没有一个智慧的人想统治他人（柏拉图，《理想国》），如果他被迫这样做，他只是通过在一个远离人群的隐蔽地方不断地观察天文来统治。孔子谈及舜的统治就是"恭己正南面而已矣"。没有指示，不需要体力，只是让事情顺天道而行。

五　趋同的哲学宗旨的衰落与重新出现

中西方哲学发展的一个关键区别在于，中国的传统更具延续性。一个在中国生根的新哲学宗教传统是佛教，它与本土传统共存，而不是取代它们。相比之下，在欧洲，古希腊哲学的传统被基督教极大地改变，甚至完全取代，这给西方意识带来了一种新的世界观。

犹太基督教观的一个突出的主要问题就是其价值观中的某种普遍性。这种普遍主义观点一直延续到今天，并且是与中国世界观不同的主要根源。普遍主义的西方版本体现在西方的权利观念至上的信念中，这种观念被认为应该是普遍适用于所有文化的。这可以在政治和经济领域中看到。在政治领域，西方坚持其人权和民主理念是世界各国政治组织和政治的唯一正确基础。在经济领域，西方国家主张华盛顿共识，华盛顿共识是一套关于如何构建经济结构的理论，即通过私有化，削减政府开支并尽量减少政府干预经济生活，以有利于自由市场。这一点在向南半球发展中国家提供援助的条件方面最为明显。在这种条件下，如果目标国家的权利观念或政治组织偏离西方模式，它们就会失去获得援助的机会。

相比之下，中国对待权利的态度则更为特殊主义，它认为每个社会或国家都有自己的历史、传统和文化，因此也有自己独特的权利观和适合自己的政治组织。在对外关系中，中国声称尊重其他国家的民族特点，并声称除了西方的发展道路外，还有多种发展道路，并通过发展自己的道路来作为示范。中国注重尊重不同的价值体系和政治组织，这种观点通常被称为北京共识，与华盛顿共识形成对照。2008 年，国际金融和经济危机爆发的同时，北京奥运会也在举办，中国开始关注儒家方面的遗产。这也渗透到它关于发展的信息中，强调儒家的等级、共同体、努力工作和纪律的价值观。

对中国持批评态度的人士声称，这些只是政治口号。然而，随着中国经济实力以及政治力量的增长，中国特殊主义的观点正在世界上甚至是在西方获得更多的关注。特别是在中东欧地区，包括上述国家在内的一些国家开始反对欧盟及其老牌西方成员国倡导的普遍主义愿景。具有讽刺意味的是，一些中东欧国家是站在基督教身份的立场上拒绝欧盟的普世主义而转向中国的特殊主义的，这与占主导地位的借用了亚伯拉罕宗教的普世主义的自由主义或新自由主义世界观形成了鲜明对比。然而，我们可以认识到这种对包括普遍主义在内的毫无限制的自由主义的拒绝继承了上文所述的苏格拉底传统。因此，中欧和东欧可能成为东西方两大哲学传统再次开始融合的地区。

六 结论

上述以苏格拉底和孔子为代表的思想传统之间的密切关系实际上是如此明显和具体，因此我们的文章绝不是完整和详尽的。事实上，有很多学者从不同的角度反映了这些相似性。

我们的目的是向大家展示，欧洲和中国的文化都起源于一个曾经共同的文化背景。传播主义的观点认为古希腊和中国在某种程度上是有实际接触的，他们的圣贤典范之间的相似性是跨文化对话的结果，但这种观点完全是错误的。跨文化对话是在现代的边缘开始的，正如现在普遍承认的那样，它充满了欧洲人的暴行和剥削。

在 21 世纪的今天，西方文明再也不能把中国当作自己的经济附庸。尽管当代中国的文化、经济和政治的儒家特征是相当有争议的，但当代中国企业的成功故事下潜藏着许多传统儒家美德，其儒家背景不能被忽略。在当前欧洲价值观和诚信的经济和文化危机中，反思苏格拉底和孔子所代表的圣贤和文化奠基者的典范，或许能在许多与这场危机有关的问题上找到一条独特的出路。它为中欧之间的对话创建了一个可能的新平台，这种对话将超越教条的新自由主义意识形态，为建立一个以仁义为基础的新的多极世界秩序开辟了空间，这种秩序产生于我们的历史。这种历史虽不是共同的，但在许多人类和文化的思想上是趋同的。由于中国在过去几十年的成功崛起，以及西方 2008 年"大萧条"以来面临的问题，苏格拉底哲学和儒家哲学的共同点似乎出现了新的趋同。这些趋势在中欧和东欧也在增长，这可能导致该区域不仅在经济意义上成为欧洲和中国之间的桥梁，而且在弥合东西方哲学观点之间的差距方面也成为桥梁。

（姚无铭翻译，孔元校对）

参考文献

1. BROWN, K. (2014)：The Case for Eliminating Confucius from China's Confucius Institutes. ［online］. In：*South China Morning Post*. 2. 6. 2014. Available online：http：//www. scmp. com/comment/insight-opinion/article/1523308/case-eliminating-confucius-chinas-confucius-institutes.

2. COHEN, M. (1976)：Confucius and Socrates. In：*Journal of Chinese Philosophy*, Vol. 3, No. 2.

3. ČARNOGURSKÁ, M. (2006)：Klasická čínska ontológia a jej terminologické

vyjadrenia ako príklad inšpirácie pre transmodernú svetovú metafilozofiu〔Classical Chinese Ontology and Its Terminological Formulations as an Example for Inspiration for World Transmodern Metaphilosophy〕. In：*Filozofia*，Vol. 61，No. 9.

4. ČARNOGURSKÁ，M.（2009）：Lao c' a proces vzniku Tao Te t'ingu（Ⅰ. diel）〔Laozi and the Process of Tao Te Ching Formation（Part one）〕. Bratislava：VEDA.

5. ČARNOGURSKÁ，M.（2012）：Lao c' a proces vzniku Tao Te t'ingu（Ⅱ. diel）〔Laozi and the Process of Tao Te Ching Formation（Part two）〕. Bratislava：VEDA.

6. ČARNOGURSKÁ，M.（2004）：Význam klasických čínskych ontologických koncepcií v globálnom svetovom filozofickom kontexte〔Chinese Philosophy through the Prism of Its Classical Ontological Conception in the Future Global Context〕. In：*Filozofia*，Vol. 59，No. 2.

7. DIOGENES LAERTIUS（1964）：*Vitae Philosophorum.* Ed. H. S. Long. Oxford：Clarendon Press.

8. DROGE，A. J.（2007）："That Unpredictable Little Beast：Traces of an Other Socrates. In：AUNE，D. E.，DARLING YOUNG，R.（eds.）：*Reading Religions in the Ancient World. Essays Presented to Robert McQueen Grant on his 90th Birthday.* Leiden：Brill NV.

9. DUNAJ，Ľ.（2017）：The Inner Conflict of Modernity，the Moderateness of Confucianism and Critical Theory. In：*Human Affairs：a postdisciplinary journal for humanities & social sciences*，Vol. 27，No. 4.

10. DUNAJ，Ľ.（2016）：Towards Critical Aspects of Confucianism. In：*Ethics & Bioethics（in Central Europe）*，Vol. 6，No. 3 – 4.

11. FLACHBARTOVÁ，L.（2018）：The Care of the Self and Diogenes Ascetic Practices. In：SUVÁK，V.（ed.）：*Care of the Self. Ancient Problematizations of Life and Contemporary Thought.* Leiden，Boston：Brill Rodopi.

12. GIANNANTONI，G.（1990）：*Socratis et Socraticorum Reliquiae.* Napoli：Bibliopolis.

13. MAHOOD，G. H.（1971）：Socrates and Confucius：Moral Agents or Moral Philosophers？In：*Philosophy East and West*，Vol. 21，No. 2.

14. PLATO（1914）：*Euthyphro. Apology. Crito. Phaedo. Phaedrus.* Transl. H. N. Fowler. Cambridge：Harvard University Press.

15. PLATO（1925）：*Lysis. Symposium. Gorgias.* Transl. W. R. M. Lamb. Cambridge：Harvard University Press.

16. PLATO（1935）：*Republic. Books VI-X.* Transl. P. Shorey. Cambridge：Harvard University Press.

17. RAMO, J. C.（2004）：The Beijing Consensus. In：*The Foreign Policy Centre.* Available online：http：//fpc. org. uk/fsblob/244. pdf.

18. RODRIK, D.（2011）：*The Globalization Paradox：Democracy and the Future of the World Economy.* W. W. Norton and Company. Available online：http：//www. rci. rutgers. edu/ ~ triner/UFFseminar/RodrikParadox. pdf.

19. SHANRUO NING ZANG（2015）：*Confucianism in Contemporary Chinese Politics.* London：Lexington Books.

20. SLINGERLAND, E.（2009）：Classical Confucianism（Ⅰ）：Confucius and the*Lun-Yü.* In：BO MOU（ed. ）：*History of Chinese Philosophy.* Oxon：Routledge.

21. SUVÁK, V.（2018）：Socratic Therapy as Taking Care of the Self and Others. In：SUVÁK, V.（ed. ）：*Care of the Self. Ancient Problematizations of Life and Contemporary Thought.* Leiden，Boston：Brill Rodopi.

22. *The Analects of Confucius*（2007）. Transl. B. Watson. New York：Columbia University Press.

23. VANGELI, A.（2018）：*16 + 1 and the re-emergence of the China Threat Theory in Europe.* Working Paper of the China-CEE Institute，Budapest.

24. XENOPHON（1921）：*Memorabilia.* Ed. E. C. Marchant. Oxford：Clarendon Press.

25. XIAOPING, W.（2012）：Od princípov k súvislostiam：Marx a Nozick, resp. Rawls o distributívnej spravodlivosti［From Principles to Contexts：Marx, Nozick, and Rawls on Distributive Justice］. In：*Filozofia*，Vol. 61，No. 3.

26. XIAOPING, W.（2006）：Rozdeľovanie a prerozdeľovanie ako stelesnenie odlišných princípov spravodlivosti.（Analýza z Marxovho hľadiska, zohľadňujúca

súčasnú ekonomickú transformáciu v Číne)〔Distribution and Redistribution as the Embodiments of Different Principles of Justice(A Marxian Analysis with Regard to Present Economic Transformation in China)〕. In: *Filozofia*, Vol. 67, No. 2.

27. ZHANG, L., GREŠS, M., BROCKOVÁ, K.(2017): Current and Potential Chinese Foreign Direct Investment in the Slovak Republic. In: *Baltic journal of European studies*, Vol. 7, No. 1.